Rolf Morrien

Judith Engst

WIE LEGE ICH
5 000 €
OPTIMAL AN?

Rolf Morrien
Judith Engst

WIE LEGE ICH 5000€ OPTIMAL AN?

FBV

Alle wichtigen Bausteine zum sicheren und einfachen Vermögensaufbau

Bibliografische Information der Deutschen Nationalbibliothek

Die Deutsche Nationalbibliothek verzeichnet diese Publikation in der Deutschen Nationalbibliografie. Detaillierte bibliografische Daten sind im Internet über **http://dnb.d-nb.de** abrufbar.

Für Fragen und Anregungen:
info@finanzbuchverlag.de

2. Auflage 2018

© 2017 by FinanzBuch Verlag,
ein Imprint der Münchner Verlagsgruppe GmbH
Nymphenburger Straße 86
D-80636 München
Tel.: 089 651285-0
Fax: 089 652096

Redaktion: Ulrike Kroneck
Korrektorat: Sonja Rose
Umschlaggestaltung: Ryan Sanktjohanser, München
Umschlagabbildung: Shutterstock/Businessvector
Satz: inpunkt[w]o, Haiger (www.inpunktwo.de)
Druck: GGP Media GmbH, Pößneck
Printed in Germany

ISBN Print 978-3-95972-040-3
ISBN E-Book (PDF) 978-3-96092-060-1
ISBN E-Book (EPUB, Mobi) 978-3-96092-061-8

Weitere Informationen zum Verlag finden Sie unter

www.finanzbuchverlag.de

Beachten Sie auch unsere weiteren Verlage unter
www.m-vg.de

INHALT

VORWORT

Liebe Leserin, lieber Leser,

Schluss mit den Mickerzinsen! Das mag vielleicht Ihre Motivation zum Kauf dieses Buches gewesen sein. Vielleicht sind Sie es auch leid, zum Spielball von Bank- und Versicherungsberatern geworden zu sein, die weniger Ihren Anlageerfolg als vielmehr die eigenen Provisionsinteressen in den Vordergrund ihrer »Beratung« stellen. Höchste Zeit, das Thema Geldanlage selbst in die Hand zu nehmen.

Mit diesem Buch möchten wir Sie ermutigen, den Schritt an die Börse zu wagen. Weil 5000 Euro aus unserer Sicht als Anlagesumme aber zu wenig sind, um auf Einzelaktien zu setzen, finden Sie in diesem Buch keine Aktien-, sondern konkrete Fondsempfehlungen mit eingebauter Risikostreuung. Sie erfahren zugleich, was Sie tun können, um das Risiko zu minimieren und die Rendite zu maximieren.

Wahrscheinlich werden Sie irgendwann Blut geleckt haben, weil Sie sehen, dass bei ausreichend langem Anlagehorizont und der richtigen Einstiegsstrategie Börseninvestments keineswegs so riskant wird, wie es anfänglich erschien. Falls Sie dann mehr Geld anlegen und auch auf einzelne Aktien setzen möchten, dann sei Ihnen der zweite Band dieser Buchreihe *Wie lege ich 10 000 Euro optimal an?* wärmstens empfohlen. Es enthält das Basiswissen aus diesem Buch und zusätzlich (neben anderen Themen) viele Hintergrundinfos zu lohnenden Aktien und deren Auswahl.

Im ersten Teil dieser Buchreihe *Wie lege ich 5000 Euro optimal an?* erfahren Sie, was es mit dem »Magischen Dreieck« der Vermögensanlage auf sich hat, was die Stärken und Schwächen von Indexfonds und aktiv geführten Fonds sind, warum sogar die ausgewiesenen »Aktien-Gurus« Warren Buffett und Charlie Munger den meisten Privatanlegern Indexfonds statt Einzelaktien empfehlen, wie Sie mit einem Sparplan ein kleines Vermögen aufbauen, warum Sie sich dank des Cost-Average-Effects zukünftig über niedrige Börsenkurse freuen, wie Sie auch ethische Kriterien in Ihre Geldanlage einbauen und wie Sie Ihr Startkapital mit staatlicher Hilfe aufstocken und so ohne großen Aufwand einen zusätzlichen Rendite-Kick erhalten.

Nach der Lektüre dieses Buches werden auch Sie überzeugt sein, dass es sich lohnt, die 5000 Euro aktiv anzulegen. Und Sie werden auch wissen, was zu tun ist. Etwas provokativ formuliert: Wissen ist Macht und Wissen macht reich!

Viel Erfolg bei Ihren Investments wünschen

Judith Engst und Rolf Morrien

Schritt für Schritt:
So investieren Sie 5000 Euro

Schritt 1: Sie legen zunächst alles Geld auf ein Tagesgeldkonto. Dabei achten Sie – abhängig vom allgemeinen Zinsniveau – auf hohe Zinsen und eine hinreichend gute Einlagensicherung (siehe Kapitel 3).

Schritt 2: Sie überlegen sich, wie viel Geld Sie als Notreserve für unvorhergesehene Ausgaben (Reparaturen, Strom-, Gas- oder Nebenkosten-Nachzahlungen etc.) brauchen. Dieses Geld belassen Sie auf dem Tagesgeldkonto. Den Rest investieren Sie entweder nach und nach oder auf einen Schlag in offene Investmentfonds (siehe Kapitel 4).

Schritt 3: Sie machen sich Gedanken zu Ihrem Anlagehorizont. Wie lange können Sie die Differenz zwischen Notreserve und dem Zielbetrag von 5000 Euro unangetastet für sich arbeiten lassen? Sind das maximal fünf Jahre, investieren Sie am besten in einen aktiv gemanagten Mischfonds (siehe Kapitel 6). Sind es hingegen mehr als fünf und idealerweise sogar mehr als zehn Jahre, dann kaufen Sie am besten Aktienfonds beziehungsweise ETFs, also passiv gemanagte, sehr kostengünstige Indexfonds (siehe Kapitel 5).

Schritt 4: Sie überlegen, ob Sie die betreffende Summe lieber einmalig investieren möchten oder stattdessen nach und nach mit einem Fonds- beziehungsweise ETF-Sparplan. Ein Einmal-Investment sollten Sie nur dann angehen, wenn Sie sich an der Börse auskennen und sich zutrauen, einen guten Einstiegszeitpunkt zu finden. Wobei etwa bei reinen Aktienfonds der Einstiegszeitpunkt eine immer kleinere Rolle spielt, je länger Ihr Anlagehorizont ist. Ansonsten richten Sie sich einen Fonds- beziehungsweise ETF-Sparplan ein, bei dem Sie monatlich oder vierteljährlich immer gleichbleibende Raten investieren (siehe Kapitel 8).

Schritt 5: Überprüfen Sie, ob sich Ihr Anlagebetrag von 5000 Euro nicht noch aus Quellen aufstocken lässt, die Sie nicht selbst finanzieren müssen. Eine unkomplizierte und weithin verfügbare Möglichkeit sind Vermögenswirksame Leistungen (VL) vom Arbeitgeber, die bis zu 480 Euro pro Jahr zusätzlich bringen können. Dazu kommt häufig noch die Arbeitnehmer-Sparzulage mit bis zu 80 Euro pro Jahr. VL und Arbeitnehmer-Sparzulage erhöhen Ihren Sparbetrag im Idealfall um über 10 Prozent pro Jahr, deshalb lohnt es sich, diese Möglichkeiten auszuschöpfen (siehe Kapitel 9).

Schritt 6: Nutzen Sie alle Sparmöglichkeiten, die es gibt. Ob Steuern oder Transaktionsgebühren – jeder gesparte Euro ist ein Euro mehr auf Ihrer Habenseite. Indem Sie also unsere Spartipps beachten, tun Sie viel dafür, dass sich Ihre 5000 Euro schnell und nachhaltig vermehren (siehe Kapitel 10).

KAPITEL 1 –
ALTE GEWOHNHEITEN ABLEGEN: MIT DIESEN GELDANLAGEN IST EIN VERMÖGENSZUWACHS UNMÖGLICH

»Was der Bauer nicht kennt, frisst er nicht«, heißt ein altes und zugegebenermaßen recht derbes Sprichwort. Erstaunlich genug: Es hat offenbar universelle Gültigkeit. Denn es bezieht sich nicht bloß auf Bauern, sondern auf das Gros der Bevölkerung hierzulande, und die Deutschen setzen nicht nur beim Essen vorwiegend auf Gewohntes, sondern auch beim Geld anlegen. Eigentlich sind Vorsicht und eine gewisse Skepsis gegenüber Neuem gute Eigenschaften, auch beim Geld anlegen: Schließlich bewahren sie die Menschen vor so mancher Leichtfertigkeit und erst recht vor bösen Erfahrungen mit Anlagebetrügern. Andererseits aber sind althergebrachte Verhaltensweisen bei der Geldanlage angesichts des aktuellen Niedrigzinsumfeldes vor allem eines: ein Verlustbringer ersten Ranges!

Bankkonten und Versicherungen: die liebsten Anlageformen der Deutschen

Im vierteljährlichen Turnus veröffentlicht die Deutsche Bundesbank eine Statistik dazu, in welcher Form die Privathaushalte in Deutschland ihr Geldvermögen halten beziehungsweise anlegen. Das Ergebnis sehen Sie in Abbildung 1.1.

Das Kreisdiagramm veranschaulicht: Fast 40 Prozent des privaten Geldvermögens in Deutschland, und das sind in Summe mehr als 5,5 Billionen Euro, liegen auf irgendwelchen Bankkonten – seien es Giro-, Spar-, Tages- bzw. Festgeldkonten oder auch Sparbriefe und

Sparverträge; der Bargeldanteil dürfte vernachlässigbar klein sein. Nahezu den gleichen Anteil an Geld haben die Deutschen in Lebens- und Rentenversicherungen oder sonstige privaten Rentenanwartschaften gesteckt. Auf gerade einmal rund 20 Prozent kommen Aktien und Investmentfonds in Summe.

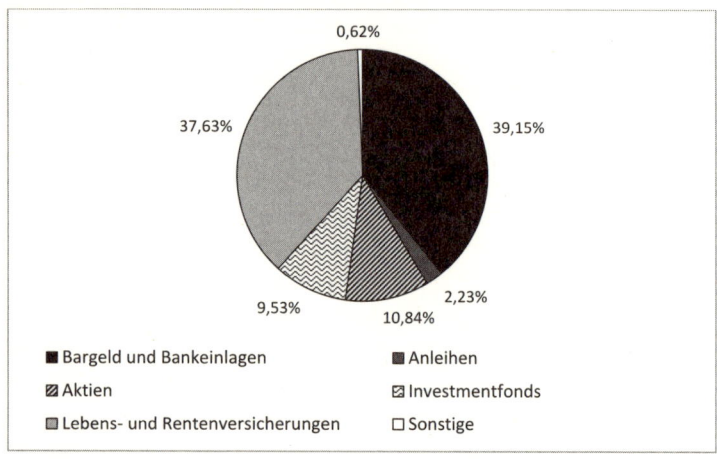

Abbildung 1.1: Wie sich das Geldvermögen der Deutschen aufteilt, 1. Quartal 2017 (Quelle: eigene Darstellung, Daten: Deutsche Bundesbank)

In ihrem Bestreben, nur ja keine Verluste zu machen, folgen die Deutschen einer Gewohnheit, die jahrzehntelang hinreichend gut funktioniert hat. Sie legen ihr Geld auf Bankkonten, wo sie derzeit mit minimalen Zinsen abgespeist werden und schon froh sein müssen, wenn ihnen das Kreditinstitut keine Strafzinsen aufbrummt. Dazu zahlen sie regelmäßig gleichmäßige Monatsraten in Kapitallebens- und Rentenversicherungen ein, deren Rendite größtenteils von den hohen Gebühren und den Kosten für den Hinterbliebenenschutz beziehungsweise für die Zusage einer lebenslangen Rentenzahlung aufgefressen wird. Auf diese Weise wissen sie: »Mein Geld hängt nicht vom Wohl und Wehe der Weltbörsen ab. Schon gar nicht ist es von irgendwelchen Konjunktur- und Unternehmensnachrichten abhängig, die Tag

für Tag die Aktienkurse gewaltig schwanken lassen und auf einen
Schlag unsägliche Verluste produzieren können. Mit diesem Wissen
können die meisten ruhig schlafen – und merken dabei gar nicht, dass
sie eine wichtige Entwicklung verschlafen, die sich gleichwohl mit ihrem Geld vollzieht: nämlich der schleichende Verlust durch Inflation.

Verlustängste führen zu Verlusten

»Lieber magere Zinsen als gar keine«, so lautet das Credo vieler Sparer
in Deutschland. Wer aber so denkt, der übersieht, dass die Zinsen, die
er erhält, nur ein Teil der ganzen Wahrheit sind. Wenn Sie wirklich
wissen wollen, ob sich Ihre Geldanlage rentiert oder nicht, dann dürfen Sie nicht bloß auf die Guthabenzinsen schauen, die ein Bankkonto
oder Sparvertrag abwirft. Sie müssen zudem sehr genau darauf achten,
wie sich die Kaufkraft Ihres Vermögens entwickelt. Von 100 Euro können Sie sich heute mehr kaufen als in einem Jahr – und erst recht mehr
als in fünf, zehn oder gar 20 Jahren. Der laufende Rückgang der Kaufkraft ist – leider! – nichts, was einen konservativen Anleger um den
Schlaf bringt. Das sollte er aber! Denn der Traum von sicheren, ver-
lustfreien Renditen mit Zinsanlagen ist längst ausgeträumt, nur dass
sich viele das nicht klarmachen. Auf Dauer vollzieht sich auch bei einer moderaten Inflation von nur 2 oder 3 Prozent eine Entwicklung,
die ein jeder Sparer und Anleger doch eigentlich vermeiden will: einen
Vermögensverlust. Und das, obwohl auf seinem Kontoauszug oder auf
der Standmitteilung seiner Versicherung niemals ein Minuszeichen
auftaucht, sondern der Betrag nominal sogar anwächst. Der Verlust
vollzieht sich ganz einfach dadurch, dass bei Minizinsen das Vermögen nicht schnell genug wächst, um die laufende Inflation wettzuma-
chen. Oder anders gesagt: Die Summe, die inklusive Verzinsung am
Ende aller Sparbemühungen steht, reicht häufig trotzdem nicht aus,
um sich davon auch nur annähernd gleich viel zu kaufen wie vom laufend investierten Geld zum Zeitpunkt seiner Einzahlung.

Das einzig rechte Maß: Rendite minus Inflationsrate

Bei der Geldanlage allein nur auf die Zinsen zu schauen, wäre also falsch. Sie müssen diese Verzinsung immer zusammen mit dem laufenden und meist unbemerkten Kaufkraftverlust des investierten Geldes betrachten. Eine Geldanlage ist nur dann rentabel, wenn die erzielte Rendite (also der Zinssatz, den eine Geldanlage einbringt) nach Abzug der aktuellen Inflationsrate positiv bleibt.

Angenommen, Sie erhalten bei Ihrer Bank 1,0 Prozent pro Jahr fürs Tagesgeld. Dann lautet die traurige Botschaft: Wenn die Inflationsrate auch nur bei 2,0 Prozent liegt, und das ist auch aus Sicht der Währungshüter sogar der Optimalzustand, dann machen Sie unterm Strich Verluste. Bei einer Inflationsrate von 3 Prozent, die wir selbst im »soliden« Deutschland schon oft genug erlebt haben, wird der negative Vermögenseffekt noch viel größer. Bezogen auf ein oder zwei Jahre sind diese Verluste zweifellos hinnehmbar, weil vernachlässigbar klein. Aber wehe, Sie machen das 10, 20 oder gar 30 Jahre lang. Dann werden Sie feststellen: Von ihrem ursprünglichen Geld ist nicht mehr viel da, obwohl unterm Strich eine höhere Summe auf dem Kontoauszug steht als anfangs.

Wie sich die Inflation auswirkt

Wie entwickelt sich bei einer realen Rendite von minus 2 Prozent (1 Prozent Guthabenzins minus 3 Prozent Inflation) die Kaufkraft von 5000 Euro? Sehen Sie selbst:

➤   Nach einem Jahr beträgt die Kaufkraft nur so viel wie heute 4900,00 Euro.

➤ Nach zehn Jahren beträgt die Kaufkraft nur noch so viel wie heute 4085,36 Euro.

➤ Nach 20 Jahren beträgt die Kaufkraft nur noch so viel wie heute 3338,04 Euro.

➤ Nach 30 Jahren hat sich die Kaufkraft mit 2727,42 Euro fast schon halbiert.

Freilich kann es ratsam sein, für einen Teil Ihres Geldes solche inflationsbedingten Verluste zeitweise in Kauf zu nehmen, um flüssig zu bleiben und unerwartete größere Ausgaben nicht gleich durch – womöglich verlustreiche – Aktien- oder Fondsverkäufe finanzieren zu müssen. Aber das Gros Ihrer Investments sollte auch nach Abzug der Inflationsrate im Plus liegen. Übrigens veröffentlichte das Statistische Bundesamt Monat für Monat die jüngst geltende Inflationsrate. Offiziell heißt sie »Verbraucherpreisindex« – darin wird die Zusammensetzung und Gewichtung von Waren und Dienstleistungen berücksichtigt, die im deutschen Durchschnittshaushalt üblicherweise vorkommen.

Warum bei Versicherungen der garantierte Mindestzins wenig über die Rentabilität aussagt

»Aber mit immerhin 3,5 Prozent garantiertem Mindestzins bei meiner Kapitallebensversicherung – da bin ich doch auch nach Abzug der Inflationsrate im Plus, oder nicht?« Diesen Einwand mögen langjährige Versicherungsinhaber bringen. Tatsächlich gibt es bei klassischen Kapitallebens- und Rentenversicherungen den sogenannten garantierten Mindestzins, der häufig auch als Garantiezins oder Höchstrechnungszins bezeichnet wird. Es handelt sich dabei um einen Zinssatz, der dem Versicherer gesetzlich als Untergrenze vorgeschrieben ist. Mit dem angelegten Geld des Versicherungsnehmers muss er mindestens diesen garantierten Mindestzins erwirtschaften – weniger ist nicht erlaubt. Wie hoch dieser garantierte Mindestzins ist, hängt dabei vom Zeitpunkt des Versicherungsabschlusses ab. In den vergangenen Jahren ist er kontinuierlich gesunken. Neu abgeschlossene Verträge bringen aktuell nur beklagenswerte 0,9 Prozent pro Jahr. Aber immerhin lagen bis Juni 2000 abgeschlossene Versicherungsverträge bei Garantiezinsen zwischen 3 und 4 Prozent, wie die folgende Grafik zeigt. Dieser Zinssatz gilt bei älteren Policen auch weiterhin bis zum Tag ihrer Fälligkeit:

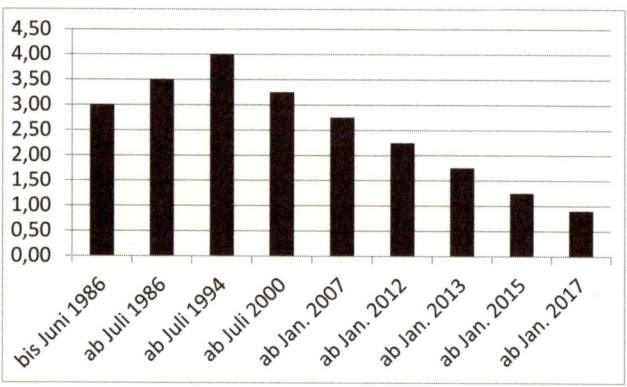

Abbildung 1.2: Garantierter Mindestzins bei klassischen Kapitallebens- und Rentenversicherungen je nach Abschlusszeitpunkt (Quelle: eigene Darstellung)

Bis zu 4 Prozent Zinsen für eine ältere Police, und das ohne jedes Verlustrisiko! Das ist doch schon ziemlich attraktiv, könnte man meinen. Die Sache hat nur einen Haken: Nicht Ihr ganzes eingezahltes Geld verzinst sich mit dem Garantiezins. Sondern nur der sogenannte Sparanteil Ihrer Prämien. Zunächst zieht der Versicherer nämlich von jeder Prämie zwei Posten ab: Das sind zum einen die Kosten für den Hinterbliebenenschutz im Todesfall und zum anderen die Vertriebs- und Verwaltungskosten.

Wie hoch der Abzug für Hinterbliebenenschutz und Vertriebs- sowie Verwaltungsgebühren ausfällt, ist ein gut gehütetes Geheimnis der Versicherer. Es herrscht also großes Rätselraten, was unterm Strich als Sparanteil der Prämien übrig bleibt. Irgendwo zwischen 75 und 95 Prozent dürfte dieser Wert bei den meisten Policen liegen. Das heißt im Klartext: Von 100 Euro, die Sie einzahlen, werden nur 75 bis 95 Euro angelegt – und nur für dieses Geld ist auch der Höchstrechnungszins garantiert. Damit reduziert sich selbst die vorgeschriebene exzellente Verzinsung von 4 Prozent, die ein Versicherer für Verträge aus der Zeit zwischen Juli 1994 und Juni 2000 bieten muss, auf 3 bis 3,8 Prozent. Das ist zwar nicht mehr ganz so rosig, beschert Ihnen aber – bei einer Inflationsrate innerhalb des Zielkorridors der Europäischen Zentralbank (2 bis 3 Prozent) – unterm Strich zumindest keine Verluste. Haben Sie jedoch Ihren Vertrag erst ab 2013 abgeschlossen, dann landen Sie unweigerlich in der Verlustzone.

Sie sehen also: Mit kapitalbildenden Versicherungsverträgen ist in Sachen Geldanlage kein Staat zu machen. Ein Neuabschluss empfiehlt sich überhaupt nicht. Und ältere Verträge gehören zumindest auf den Prüfstand. Für die 5000 Euro, die Sie jetzt anlegen möchten, müssen Alternativen her.

Sicherheit durch kluges Anlegen

Die schlechte Nachricht haben Sie bereits erhalten: Alle gängigen Geldanlagen, die nicht schwanken, bringen derzeit in der Regel weniger als die Inflationsrate und sorgen damit unterm Strich für einen (Kaufkraft-)Verlust. Bleibt also nur die Option, zumindest mit einem Teil der Summe auf renditestärkere Börseninvestments auszuweichen. Das allerdings bringt den Nachteil mit sich, dass diese Geldanlagen im Wert börsentäglich schwanken und Ihnen auch beträchtliche Verluste einbringen können. Das wissen viele Anleger noch aus eigener, bitterer Erfahrung.

In der Zeit zwischen 1999 und 2002 wagten sich die sonst so sicher-
heitsbedürftigen Deutschen endlich aus der Deckung. Sie gingen an
die Börse und kauften Aktien. Es lockten die Deutsche Telekom,
Infineon und unzählige kleinere Internet- und IT-Unternehmen mit
scheinbar unermesslichen Kursgewinnen. Das Ende vom Lied kennen Sie nur allzu gut: Die Spekulationsblase platzte und die einstigen
Börsengewinner verloren 70, 80 oder sogar 90 Prozent an Wert, wenn
sie nicht sogar ganz von der Bildfläche verschwanden. Nach diesen
herben Verlusten hatte die Bevölkerung dann mehrheitlich wieder genug von Börseninvestments. Lieber wollten sie sich mit Mickerzinsen
zufriedengeben, als ein solches Debakel noch einmal zu erleben.

Tatsächlich hören sich die mitunter starken Schwankungen an den
Börsen – gerade für sicherheitsorientierte Anleger – nicht gerade
nach einer wünschenswerten Alternative an. Wer aber weiß, dass die
Alternative zur Börse, nämlich das Sparen mit Versicherungen und
Bankeinlagen, auf jeden Fall Verluste bringt, die Aktienmärkte hingegen nicht, der muss zu dem Schluss kommen: Eine rentable Geldanlage ohne Börsen-Investments ist heutzutage so gut wie nicht mehr
möglich.

Die gute Nachricht lautet: Es liegt in Ihrer Hand, die Schwankungen – und damit auch die Verluste – zu reduzieren beziehungsweise
sogar einen Profit daraus zu schlagen. Dabei spielen vor allem folgende drei Prinzipien eine tragende Rolle: Diversifikation, Einstiegszeitpunkt und Anlagehorizont. Dazu im Folgenden einige Erläuterungen.

Diversifikation: Lege nicht alle Eier in einen Korb!

Sie möchten 5000 Euro anlegen, sonst hätten Sie dieses Buch nicht
gekauft. Unklug wäre es, dieses Geld nur in eine einzige der vielen Anlageformen zu stecken, die es gibt. Auf einem Bankkonto allein bringt

es nicht genug Zinsen. Wenn Sie von den 5000 Euro dagegen eine einzige Aktie kaufen, können Sie nie wissen, ob Sie sich dabei einen Gewinner eingehandelt haben oder ein Verlustpapier. Folglich sollten Sie Ihr Geld aufteilen: Was Sie womöglich bald wieder brauchen, das stecken Sie lieber in schwankungsfreie Geldanlagen. Ein Tagesgeldkonto ist hier nicht das Schlechteste – auch wenn es Ihnen den eigentlich beabsichtigten Inflationsausgleich nicht bringt. Worauf Sie bei der Bankauswahl achten müssen und wie viel Sie für Ihre eiserne Bankreserve vorsehen sollten, das erfahren Sie in Kapitel 3.

Geld, das Sie dagegen für längere Zeit entbehren können, das investieren Sie an der Börse. Idealerweise lassen Sie sich damit mindestens fünf bis zehn Jahre Zeit. Statt jedoch nur auf eine Aktie zu setzen, sind zum Beispiel offene Investmentfonds die bessere Wahl. Also börsengehandelte Wertpapiere, die das investierte Geld von sich aus auf verschiedene Aktien, Anleihen und sonstige Vermögenswerte verteilen, sodass sich auch das Schwankungsrisiko verteilt und die Verlustgefahr sinkt. Was Sie über offene Investmentfonds wissen müssen, lesen Sie in Kapitel 4.

Genaueres zur richtigen Aufteilung Ihres Geldes auf verschiedene Vermögensklassen (sogenannte Assets) lesen Sie im nächsten Kapitel.

Einstiegszeitpunkt: Kaufe nicht alles auf einmal!

Die meisten Börsianer setzen auf den richtigen Einstiegszeitpunkt: »Kaufe zu Tiefstkursen und verkaufe zu Höchstkursen, dann sind Dir Gewinne stets sicher!« Soweit die häufig zitierte Empfehlung, und es gibt ganze Heerscharen von Börsenanalysten, die die Wahl des richtigen Ein- und Ausstiegszeitpunktes zur wahren Wissenschaft erhoben haben, ohne indessen mit ihrer Prognose stets richtig zu liegen. Vergessen Sie diese Empfehlung! Denn sie lässt sich nicht vernünftig umsetzen! Der optimale Ein- und Ausstiegszeitpunkt lässt sich ohnehin immer erst im Nachhinein feststellen – und dann ist es selbstredend zu spät. Viel klüger ist es doch, sich wenigstens im Durchschnitt halbwegs günstige Einstiegskurse zu sichern und zudem in Wertpapiere mit laufendem, relativ stabilem Wertzuwachs zu investieren. Das Mittel der Wahl heißt »Sparplan« und stellt vor allem bei Investmentfonds eine ebenso kluge wie einfache Methode dar, das Problem mit dem optimalen Timing überzeugend zu lösen. Mehr dazu erfahren Sie in Kapitel 8.

Anlagehorizont: Kurzfristige Verluste einfach aussitzen!

Vom Börsenguru André Kostolany stammt der folgende Ausspruch: »Kaufen Sie Aktien, nehmen Sie Schlaftabletten und schauen Sie die Papiere nicht mehr an. Nach vielen Jahren werden Sie sehen: Sie sind reich.« Nicht, dass Kostolany sich selbst allzu akribisch an seinen eigenen Ratschlag gehalten hätte – er war eher ein Spekulant und hatte es nicht so mit der langfristigen Geldanlage. Gerüchten zufolge lebte er weniger von den Erträgen seiner Börseninvestments als vielmehr von dem, was ihm sein Prominentenstatus als Journalist und Schriftsteller einbrachte. Sein Ausspruch allerdings enthält einen wahren Kern: Börseninvestments sind vor allem dann erfolgreich, wenn Sie als Anleger genügend Zeit und Geduld mitbringen. Denn mögen die Aktienkurse kurzfristig auch noch so sehr schwanken – auf längere Sicht steigen die Aktienkurse. Je länger Sie also Ihre Wertpapiere halten, desto unwahrscheinlicher sind Verluste und desto wahrscheinlicher werden Sie unterm Strich ein hübsches Plus machen.

Einen Beleg für diese Aussage liefert etwa das Renditedreieck des Deutschen Aktieninstituts. Das hat für 50 Jahre rückwirkend die Erträge errechnet, die mit einem DAX-Investment Jahr für Jahr anfielen. Auch wenn es den Deutschen Aktienindex DAX erst seit 1988 gibt, so hat es für die Jahre davor eine fiktive Zusammensetzung und Gewichtung nach den aktuellen DAX-Regeln unterstellt. Das Ergebnis der Geldanlage sehen Sie in Abbildung 1.3. Die senkrechte Achse stellt hier das Kaufjahr dar, die waagerechte das Jahr des Verkaufs. Die Zahl im betreffenden Kästchen gibt dann die jährliche Durchschnittsrendite in Prozent an, die ein Anleger während der betreffenden Haltedauer mit seinem DAX-Investment erzielt hat.

Betrachten Sie vor allem die von links unten nach rechts oben verlaufenden stufigen, weißen Linien, die eine Haltedauer von fünf Jahren, von zehn Jahren, von 15 Jahren, von 20 Jahren und so weiter markieren. Schon die 5-Jahres-Linie zeigt Ihnen: Es war in der Vergangenheit im Zeitraum der zurückliegenden 50 Jahre höchst unwahrscheinlich, mit einem reinen DAX-Investment nach fünf Jahren noch im Minus zu sein. Noch geringer war die Wahrscheinlichkeit nach zehn Jahren. Und im ungünstigsten Fall überhaupt kam ein DAX-Investment erst nach elf Jahren aus den roten Zahlen heraus. In der weitaus überwiegenden Anzahl der Fälle aber brachte ein Investment in das deutsche Aktienbarometer DAX eine positive Rendite. Diese lag

➤   nach 15 Jahren durchschnittlich zwischen +2,3 bis +15,4 Prozent pro Jahr,

➤   nach 20 Jahren durchschnittlich zwischen +6,0 und +15,2 Prozent pro Jahr,

➤   nach 30 Jahren durchschnittlich zwischen +6,9 und +10,9 Prozent pro Jahr.

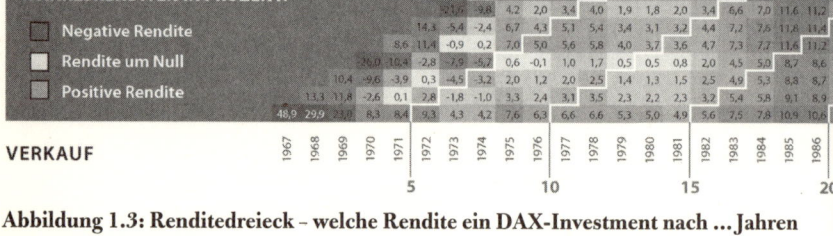

Abbildung 1.3: Renditedreieck – welche Rendite ein DAX-Investment nach ... Jahren einbrachte, Stand 31.12.2016 (Quelle: Deutsches Aktieninstitut)

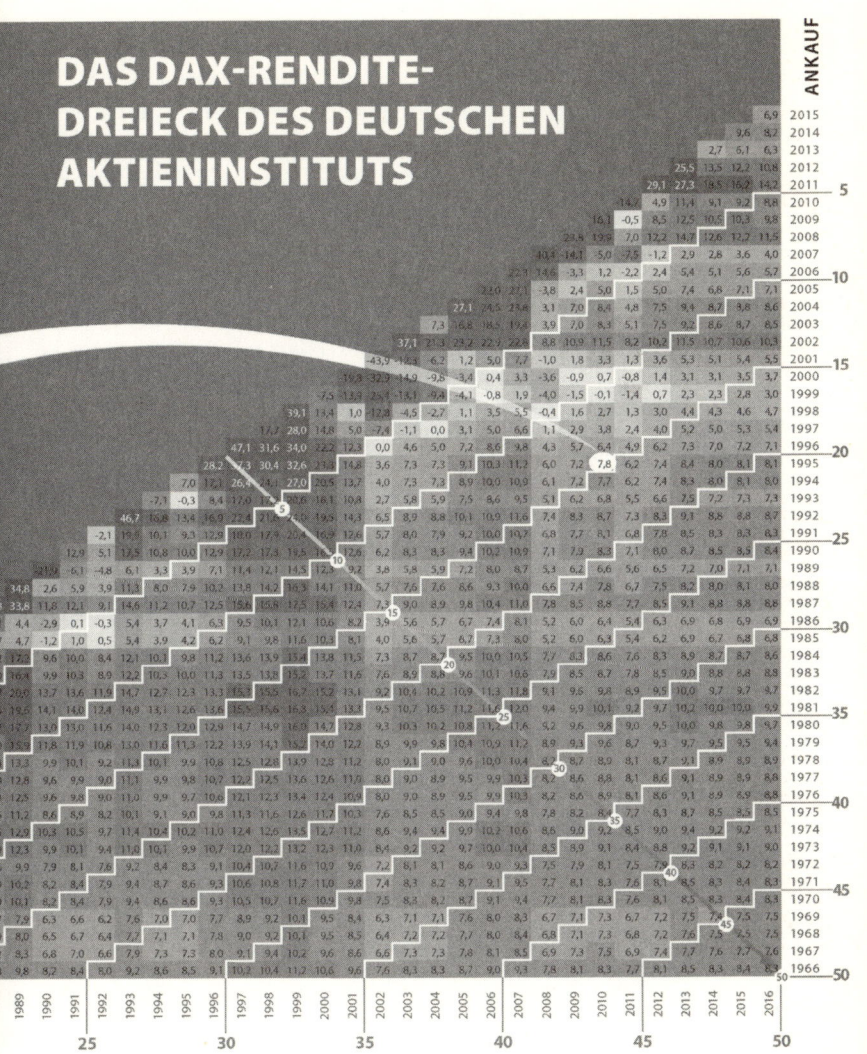

Wohlgemerkt, hier geht es um ein DAX-Investment ohne Einstiegs-
optimierung und ohne Streuung auf andere Wertpapiere als DAX-
Aktien, mit denen sich die Verluste ebenfalls reduzieren lassen. Das
Ergebnis sollte auch die größten Skeptiker überzeugen: Ein Börsen-
investment ist nicht verkehrt, sondern im Gegenteil nötig, um überhaupt nennenswerte Renditen oberhalb der Inflationsrate zu erzielen. Und es ist auch nicht so gefährlich, wie vielfach kolportiert wird,
vorausgesetzt, Sie nehmen sich genügend Zeit für eine solide und
nachhaltige Wertentwicklung. Wie Sie konkret bei einer Anlagesumme von 5000 Euro vorgehen, das entnehmen Sie – zusammen
mit dem nötigen Hintergrundwissen – den kommenden Kapiteln.

KAPITEL 2 –
DIE RICHTIGE AUFTEILUNG DES GELDES: LIQUIDITÄT UND BÖRSEN-INVESTMENT

Bei einer geplanten Anlagesumme von 5000 Euro haben Sie nur beschränkte Handlungsoptionen. Vor dem ersten Börsen-Investment sollten Sie aber – und das gilt für jeden Anleger, egal ob er 5000 oder 5 Mio. Euro investieren will – die Ziele der Geldanlage betrachten. Grob vereinfacht gibt es drei Ziele:

1. Rendite
2. Sicherheit
3. Liquidität (im Sinne von Verfügbarkeit)

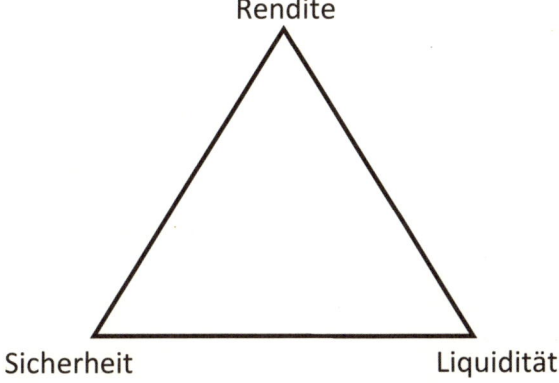

Abbildung 2.1: Das »Magische Dreieck der Vermögensanlage«

Wenn Sie diese drei Ziele etwas genauer betrachten, dann fällt Ihnen auf: Es ist praktisch unmöglich, mit einer einzigen Geldanlage alle drei Ziele gleichzeitig zu erreichen. Man spricht daher vom »Magischen Dreieck der Vermögensanlage«. Magisch, weil ein Anleger immer nur zwei Ziele gleichzeitig erreichen kann, nie aber alle drei. Machen wir den Praxistest:

Anlageform Aktien

Rendite: Der Deutsche Aktienleitindex DAX hat seit der Gründung 1988 eine durchschnittliche Jahresrendite von rund 8 Prozent erreicht. Das Ziel »Rendite« wird mit Aktien also erfüllt. ✅

Liquidität: Aktien sind auch liquide (schnell und einfach in Geld umwandelbar). Sie können Aktien an jedem Handelstag kaufen oder verkaufen. Sie sind an keine Haltefristen gebunden. Das Ziel »Liquidität« wird also ebenfalls erreicht. ✅

Sicherheit: Aktienkurse können kurzfristig sehr stark schwanken. Nach Vorlage schlechter Quartalszahlen sind Kursabschläge von 10 bis 30 Prozent an einem einzigen Handelstag möglich. Erfolgt dagegen überraschend ein Übernahmeangebot, kann der Aktienkurs auch innerhalb von Sekunden 30 Prozent in die Höhe schießen. Das Ziel »Sicherheit« erreichen Sie mit einer Aktien-Anlage folglich nicht, zumindest wenn Sie nur kurzfristige Zeiträume betrachten. ❎

Anlageform Tagesgeld

Sicherheit: Diese Bankeinlagen sind sogar im Fall einer Banken-Pleite EU-weit bis mindestens 100 000 Euro geschützt. Das Ziel »Sicherheit« wird mit einem Tagesgeldkonto also erfüllt. ✅

Liquidität: Sie können täglich über Ihr Geld auf dem Konto verfügen. Das Ziel »Liquidität« wird also ebenfalls erreicht. ✅

Rendite: In der Niedrigzins-Phase geht die Rendite Richtung 0 Prozent. Unter Berücksichtigung der Inflation droht bei dieser Anlageform sogar ein Kaufkraftverlust. Das Ziel »Rendite« erreichen Sie mit Geld auf dem Tagesgeldkonto folglich nicht. ❌

Anlageform Sparverträge, Sparbriefe und Banksparpläne

Rendite: Wenn Sie mit Ihrer Bank einen langjährigen Sparvertrag abschließen, können Sie mit einem deutlichen Zins-Aufschlag rechnen. Das Ziel »Rendite« wird mit einem mehrjährigen Sparvertrag erfüllt. ✅

Sicherheit: Diese Bankeinlagen sind sogar im Fall einer Banken-Pleite EU-weit bis zu 100 000 Euro geschützt. Das Ziel »Sicherheit« wird mit einem Sparvertrag also erfüllt. ✅

Liquidität: Ihr im Sparvertrag angelegtes Geld ist für mehrere Jahre fest gebunden. Das Ziel »Liquidität« erreichen Sie mit dieser Sparform nicht. ❌

Zwei Handlungsoptionen, mit denen Sie die Probleme des »Magischen Dreiecks« umgehen können

Machen Sie aus der Not eine Tugend: Bei einer Anlagesumme von 5000 Euro gibt es in der Anlage-Praxis nur wenige Handlungsoptionen. Unsere beiden Favoriten:

1. **Fondssparplan:** Wenn Sie mit einem Sparplan 100 Euro pro Monat in Aktien oder Aktienfonds investieren, liegt der Kapital-

einsatz bei 1200 Euro pro Jahr. Nach dem ersten Jahr liegt Ihre Cash-Reserve bei 3800 Euro (ausgehend von einem Startkapital von 5000 Euro), nach dem zweiten Jahr bei 2600 Euro, nach dem dritten Jahr bei 1400 Euro und nach dem vierten Jahr bei 200 Euro. Über mehrere Jahre haben Sie eine Mischung aus Aktien/Aktienfonds (= Rendite + Liquidität) und einer Cash-Reserve (= Sicherheit + Liquidität).

2. **Einmal-Investition + Cash-Reserve:** Falls Sie nicht langsam mit 100 Euro pro Monat am Aktienmarkt starten wollen (zum Beispiel, weil der Aktienmarkt in der Phase günstig bewertet ist), können Sie das Geld auch aufteilen. Einen Teil investieren Sie direkt in den Aktienmarkt (2500 bis 4000 Euro), den anderen Teil halten Sie auf dem Tagesgeldkonto als Bargeld-Reserve. Mit dieser Strategie sind Sie auf zwei Szenarien vorbereitet: Sie brauchen während der Anlagephase überraschend Bargeld (zum Beispiel für eine Autoreparatur) oder aber Sie können eine Crash-Phase nutzen, um den Aktienanteil zu »Schnäppchenpreisen« aufzustocken. Anmerkung: Ein »Crash« ist nicht klar definiert, aber grob vereinfacht spricht man von einem Crash am Aktienmarkt, wenn die Aktienkurse auf breiter Front um mindestens 30 Prozent abgestürzt sind.

Welche Strategie für Sie besser ist, hängt davon ab, ob Sie sich zutrauen, den Aktienmarkt halbwegs solide einschätzen zu können. Wenn aus Ihrer Sicht der Aktienmarkt günstig bewertet ist und Sie sich zutrauen, in einem Börsencrash cool zu bleiben und mitten im Börsentumult die Aktien-Position auszubauen, dann kommt Ihnen die zweite Variante entgegen.

Wenn Sie sich dagegen so einschätzen, dass Sie (zumindest aktuell) überhaupt kein Gefühl dafür haben, ob der Aktienmarkt zurzeit attraktiv bewertet ist, dann ist ganz klar ein Sparplan der richtige Weg für Sie. Sie investieren jeden Monat 100 Euro und erhalten so automatisch einen günstigen Durchschnittskurs (wie genau das funktioniert, erklären wir Ihnen in Kapitel 8).

KAPITEL 3 –
TAGESGELD: NÖTIG, UM LIQUIDE ZU BLEIBEN

Die gesamten 5000 Euro auf einmal an der Börse zu investieren, wäre unklug, das wissen Sie jetzt. Denn zum einen brauchen Sie einen Teil des Geldes als Notreserve für unvorhergesehene Ausgaben. Angenommen, Ihr Vermieter verlangt eine happige Nebenkosten-Nachzahlung? Oder Ihr Fernsehapparat streikt? Dann wäre es ungünstig, wenn Sie dafür erst einige Fondsanteile verkaufen müssten, um die nötigen Ausgaben zu decken. Denn womöglich erwischen Sie beim Verkauf gerade einen denkbar schlechten Zeitpunkt, wenn die Fondsanteile (noch) im Minus sind. Zum anderen zahlen Sie bei Wertpapieren stets Transaktionsgebühren, also Bank- und Börsenentgelte bei jeder Order, egal ob Kauf oder Verkauf. Das wäre ein weiterer Minusposten auf Ihrer Rechnung.

Im vorigen Abschnitt haben Sie bereits gelesen: Es ist auch bei einer Einmalanlage an der Börse durchaus klug, zwischen 1000 und 2500 Euro als Bargeld-Reserve auf ein Tagesgeldkonto zu legen. Und wenn Sie stattdessen die Sparplan-Lösung verfolgen, wollen Sie außerdem ohnehin nicht auf einen Schlag in Ihre Fondsinvestments einsteigen, sondern nach und nach, um einen durchschnittlich günstigen Einstiegskurs zu erhalten. Da ist es ebenfalls klug, das noch nicht zum Fondskauf benötigte Geld auf einem Tagesgeldkonto zwischenzuparken, wo es statt 0,0 Prozent wie auf dem Girokonto doch wenigstens 0,5 Prozent Guthabenzinsen bringen kann.

Warum Tagesgeld und kein Spar- oder Festgeldkonto?

Warum sollte es ein Tagesgeldkonto sein und nicht etwa ein Spar- oder Festgeldkonto? Ganz einfach: Weil Sie auf dem Tagesgeldkonto

jederzeit auf Ihr Geld zugreifen können und die Zinsen im Vergleich
zum Festgeld oder Sparbuch ohnehin kaum niedriger sind. Sie bekommen für Festgeld zumindest mit kürzeren Laufzeiten von sechs
oder zwölf Monaten unwesentlich mehr als fürs Tagesgeld. Dieses
Mehr erkaufen Sie sich aber mit einem entscheidenden Nachteil: Ihr
Geld ist auf eine bestimmte Zeit festgelegt. Bei Sparkonten beträgt die
Kündigungsfrist üblicherweise drei Monate, wobei Sie meistens über
einen Betrag von bis zu 2000 Euro sofort verfügen können. Aber hier
gibt es meistens nicht mehr Zinsen als auf dem Tagesgeldkonto, sondern eher weniger. Denn im Wettbewerb der Banken um interessante
Neukunden versuchen sich die Kreditinstitute gegenseitig eher mit
attraktiven Tagesgeldzinsen gegenseitig den Rang abzulaufen als mit
einer höheren Verzinsung fürs Sparkonto. Ganz einfach, weil der Fokus der Bankkunden sich vor allem aufs Tagesgeld richtet.

Auf einem Festgeldkonto – als zweite denkbare Alternative – wäre Ihre Anlagesumme sogar noch länger festgelegt. Der Anlagezeitraum
steht bei Festgeld von Anfang an fest, er liegt meistens zwischen drei
Monaten und drei Jahren. Dafür gibt es dann vielleicht bestenfalls 1,5
statt 0,5 Prozent Zinsen pro Jahr. Aber Sie kommen vor Ende der ver-
einbarten Anlagedauer nicht an Ihr Geld heran. Festgeld taugt also
nicht als Liquiditätsreserve – schlichtweg deshalb, weil Sie damit
nicht liquide sind: Ihr Geld ist eingemauert und Sie haben bis zum
Fälligkeitszeitpunkt keinen Zugriff darauf.

Sie starten also besser mit einem Tagesgeldkonto, auf dem Sie erst
einmal alles Geld parken. Einen Teil davon schichten Sie nach und
nach via Sparplan in geeignete Investmentfonds um – nämlich den
Teil, den Sie langfristig entbehren können, ohne gleich in Finanznöte
zu geraten.

Bankenauswahl: Trauen Sie nicht jeder x-beliebigen Bank

Im Prinzip gilt bei Tagesgeld: Je höher die Zinsen, desto besser. Aktuelle und gute Zinsvergleiche werden häufig in der Tagespresse veröffentlicht. Sie können sich aber auch im Internet darüber informieren, zum Beispiel auf Seiten wie

➤ www.fmh.de => Zinsvergleiche => Tagesgeld
➤ www.biallo.de => Alle Vergleiche = Sparen => Tagesgeld

Allerdings sollten Sie trotzdem Ihr Geld nicht bei jeder x-beliebigen Bank parken, die Ihnen vielleicht die höchste Verzinsung verspricht, sondern sorgfältig auswählen, welchem Kreditinstitut Sie vertrauen können. Das entscheidende Stichwort lautet Einlagensicherung.

Einlagensicherung: Das müssen Sie wissen

Wenn eine Bank pleitegeht, dann ist das Geld ihrer Kunden zunächst einmal weg. Es wird dazu benutzt, die Gläubiger der Bank zu befriedigen. Damit dies den diversen Privat- und Firmenkunden keine empfindlichen Einbußen beschert, gibt es die sogenannte Einlagensicherung, ein gesetzlich vorgeschriebenes Sicherungssystem für die Guthaben der Kunden. Als »Einlagen« werden alle Gelder bezeichnet, die auf Konten und in Sparverträgen der jeweiligen Kunden liegen. Auch Sparbriefe, die auf den Namen des jeweiligen Bankkunden lauten, sind geschützt. Gleiches gilt für Fremdwährungskonten, also Konten, die etwa auf US-Dollar oder Schweizer Franken lauten. EU-weit vorgeschrieben ist eine Einlagensicherung von 100 000 Euro pro Bankkunde. Bei einer Insolvenz Ihrer Bank soll auf diese Weise sichergestellt sein, dass Sie ihr Geld bis zur Summe von 100 000 Euro

zurückerhalten. Für die Sicherung steht aber nicht der Staat gerade, sondern dafür verantwortlich sind die Banken des jeweiligen
EU-Landes in ihrer Gesamtheit. Das hat der Gesetzgeber extra so
eingerichtet. Aktuell wird über eine EU-weite Einlagensicherung
diskutiert. Das würde bedeuten, dass die Banken aller EU-Länder
dafür einstehen, wenn eine pleitegeht – auch beispielsweise die
deutschen Banken für ein spanisches oder polnisches Institut. Es
gibt aber große Bedenken dagegen – und so existieren derzeit lediglich länderbezogene Einlagensicherungssysteme: Deutsche
Banken stehen nur für eine Bankenpleite in Deutschland gerade,
polnische für eine Bankenpleite in Polen und so weiter. In
Deutschland gibt es sogar mehrere Sicherungssysteme, die parallel zueinander existieren. Das System der Genossenschaftsbanken
und Sparkassen zielt jeweils darauf, eine Bank in finanzieller
Schieflage gar nicht erst in die Insolvenz rutschen zu lassen. Dafür
müssen dann die anderen Banken des jeweiligen Verbunds mit
Finanzspritzen sorgen, dazu sind sie per Satzung verpflichtet.
Entsprechend sind bei Volksbanken, Raiffeisenbanken und Spar-
kassen die Einlagen der Kunden in unbegrenzter Höhe geschützt:
Wenn es gar nicht zur Insolvenz kommen kann, dann sind die
Kundengelder auch nicht in Gefahr.

Anders dagegen ist die Einlagensicherung bei den Privatbanken
geregelt, also beispielsweise bei der Deutschen Bank, Commerzbank, Postbank oder Volkswagenbank. Hier können einzelne
Institute durchaus pleitegehen, ohne dass die anderen Banken
sie davor bewahren müssen. Die Einlagen der Kunden sind trotzdem geschützt. Dazu gibt es zwei Stufen:

➤ Die erste Stufe umfasst die gesetzlich vorgeschriebene Einlagensicherung in Höhe von 100 000 Euro pro Kunde. Gewährleistet
   wird sie durch die Entschädigungseinrichtung deutscher Ban-

ken (EdB). Im Insolvenzfall einer Privatbank zahlt diese Einrichtung allen Kunden ihre Guthaben mitsamt der aufgelaufenen Zinsen aus.

➤ Stufe zwei geht darüber hinaus und ist freiwillig: Manche, aber nicht alle Privatbanken bieten mehr als die gesetzlich vorgeschriebene Einlagensicherung. Sie sichern also auch Kundengelder oberhalb von 100 000 Euro pro Kunde ab, und das mindestens in Millionenhöhe. Dafür verantwortlich zeichnet der Einlagensicherungsfonds des Bundesverbands deutscher Banken. Auch hier werden entsprechende Guthaben über 100 000 Euro bei einer Bankeninsolvenz erstattet – die Abwicklung übernimmt ebenfalls wieder die EdB, auch wenn Beträge, die über 100 000 Euro hinausgehen, vom Einlagensicherungsfonds des Bankenverbands stammt.

Das Problem ist nur: Nicht überall gibt es eine so gut organisierte und finanziell potente Einlagensicherung wie in Deutschland. Vorsicht ist also vor allem bei diversen Auslandsbanken angebracht.

Welche Banken nicht infrage kommen

Nicht infrage kommen zunächst einmal Banken außerhalb der Europäischen Union. Als Sparer müssen Sie immer damit rechnen, dass eine Bank in Schieflage gerät und dass Sie Ihre Einlagen, also auch Ihr Guthaben auf dem Tagesgeldkonto, bei einer Insolvenz nicht zurückbekommen. Wenn Sie in einem fremden Land außerhalb der EU mit einer Bankeninsolvenz konfrontiert sind, müssen Sie zumindest mit Schwierigkeiten rechnen. Selbst wenn es dort eine Einlagensicherung gibt, wenn also die Entschädigung von Kontoinhabern im Falle einer Bankeninsolvenz vorgesehen ist: Sie müssten dann auf eigene Faust versuchen, Ihre Einlagen zurückzubekommen und wären dabei mit einem fremden Rechtssystem ebenso konfrontiert wie mit einer fremden Sprache. Seien Sie also gewarnt: Meiden Sie Banken in der Türkei, in den USA, in der Schweiz, aber auch im EU-Austrittsland Großbritannien.

Innerhalb der Europäischen Union gilt dagegen einheitlich die gesetzlich vorgeschriebene Einlagensicherung von mindestens 100 000 Euro pro Bank und Bankkunde. Das deckt Ihre geplante Anlagesumme von 5000 Euro problemlos ab. Zudem bekommen Sie im Falle einer Bankeninsolvenz Schützenhilfe von der »Entschädigungseinrichtung deutscher Banken«. Also von der Institution, die die gesetzliche Einlagensicherung garantiert. Zumindest bei ausländischen Banken mit deutscher Zweigstelle können Sie Ihre Ansprüche über diese Einrichtung geltend machen – in deutscher Sprache und nach europäischem Rechtssystem.

Trotzdem ist auch bei EU-Auslandsbanken prinzipiell Vorsicht angebracht, wenn sie das Geld ihrer Kunden nicht praktischerweise von vornherein nach dem deutschen Einlagensicherungssystem absichern. Denn so schön die EU-weit vorgeschriebene Mindest-Einlagensicherung von 100 000 Euro pro Bankkunde sich auf dem Papier ausnimmt, so unsicher ist es, wie gut sie im Ernstfall tatsächlich funktioniert. Bedenken Sie: Die Einleger-Entschädigung bei einer Bankenpleite ist immer noch allein eine Angelegenheit der Banken im jeweiligen EU-Land, eine gemeinschaftliche Haftung aller EU-Banken für einzelne Bankenpleiten in irgendeinem Mitgliedsstaat ist (noch) nicht eingeführt.

In einigen Ländern bestehen zudem erhebliche Zweifel an der Leistungsfähigkeit der örtlichen Einlagensicherungsfonds, so zum Beispiel in Griechenland, Bulgarien, Rumänien, Italien, Portugal, Malta, Kroatien, Tschechien, Polen oder Lettland. Hier gibt es keine Garantie dafür, dass die dortigen Bankinstitute schon die nötigen Reserven aufgebaut haben, die eine wirkliche Sicherheit der Bankkunden auch bei einer Bankenpleite im jeweiligen Land gewährleisten würde. Warum Sie das

interessieren sollte? Weil diese Banken über diverse Vermittlungs-Platt-
formen im Internet gerade massiv auf den deutschen Markt drängen.

Die schönen Versprechen von Weltsparen, Savedo und Zinspilot

Vor allem drei Anbieter fallen im Internet durch vermeintlich
attraktive Tagesgeldangebote in allen möglichen EU-Ländern
auf: Es sind die Portale Weltsparen (www.weltsparen.de), Savedo
(www.savedo.de) und Zinspilot (www.zinspilot.de). Es handelt
sich dabei nicht um Banken, sondern um Vermittlungs-Plattfor-
men, auf denen die Tagesgeld-Angebote verschiedenster Banken
gebündelt sind. Ob Alpha Bank (Rumänien), Banca Progetto
(Italien), Sberbank (Russland bzw. Österreich) oder Postova
Banca (Slowakei) – die Banken sind mehrheitlich im Ausland an-
sässig und haben auch meist keine Filialen in Deutschland. Obwohl sie die angebotenen Konten in Euro führen und gesetzlich
aufgrund ihres Sitzes in einem EU-Land die europäische Einlagensicherung erfüllen müssen, sollten Sie davon besser die Finger lassen. Wie gut oder schlecht die jeweilige Bank vor einer Insolvenz geschützt ist, das erfahren Sie in der hiesigen
Berichterstattung nicht (oder allenfalls, wenn es schon zu spät
ist). Außerdem bleibt völlig im Dunkeln, ob im betreffenden
Staat die EU-Vorschrift zur Einlagensicherung nicht bloß auf
dem Papier besteht – sprich, ob sie im Ernstfall funktioniert.

Wie Sie die Sicherheit Ihrer Einlagen überprüfen

Von einer hinreichenden Sicherheit Ihrer Einlagen können Sie ausge-
hen, wenn das Kreditinstitut, bei dem Sie Ihr Tagesgeld anlegen möchten, der deutschen, der französischen oder der niederländischen Ein-

lagensicherung angehört. Wenn nicht gerade eine Systemkrise den gesamten Bankensektor ins Wanken bringt, dann dürfte Ihr Geld bei Banken aus diesen Ländern sicher sein. Achten Sie bei Privatbanken also unbedingt auf die Zugehörigkeit zu den entsprechenden Sicherungseinrichtungen. Bei Genossenschaftsbanken und Sparkassen in Deutschland wissen Sie ohnehin: Ihr Geld ist sicher. Doch wie finden Sie bei einer x-beliebigen Privatbank heraus, welcher Einlagensicherung das jeweilige Institut angeschlossen ist? Zum Glück gibt es hier ein Abfragesystem im Internet, das Ihnen die nötigen Informationen liefert. So gehen Sie vor:

➤   Öffnen Sie in Ihrem Browser die Seite http://einlagensicherung.de

➤   Klicken Sie auf den Button »Kreditinstitut suchen«.

➤   Geben Sie ins Suchfeld den Namen der Bank ein, für deren Tagesgeldangebot Sie sich interessieren.

➤   Klicken Sie auf »Abfrage starten«.

Sollte Ihre favorisierte Privatbank der deutschen Einlagensicherung angehören, dann wirft die Website als Ergebnis die EdB und gegebenenfalls auch den Einlagensicherungsfonds des Bundesverbands deutscher Banken aus. Beim betreffenden Geldinstitut können Sie dann bedenkenlos ein Tagesgeldkonto eröffnen.

Sollte Ihre favorisierte Bank dagegen nicht dem deutschen Sicherungssystem angeschlossen sein, dann liefert das System nur einen allgemeinen Hinweis auf infrage kommende Sicherungssysteme. Bei ausländischen Banken mit Zweigniederlassung in Deutschland erhalten Sie immerhin einen entsprechenden Hinweis auf die Zugehörigkeit zu einem ausländischen Einlagensicherungssystem. Die Plattform verrät Ihnen aber dummerweise nicht, um welches es sich dabei handelt – ob um das französische, das spanische oder das lettische. Sollten

Sie lediglich den Namen einer (deutschen) Bankentochter eingegeben haben, liefert Ihnen das System in der Regel immerhin zusätzlich den Namen der ausländischen Muttergesellschaft (z. B. erfahren Sie bei der in Deutschland aktiven Consorsbank, dass dieses Kreditinstitut zur französischen Großbank BNP Paribas gehört). Hier fragen Sie dann am besten direkt bei der jeweiligen Bank nach, welchem nationalen Einlagensicherungssystem sie angehört. Lassen Sie die Finger davon, wenn es sich mutmaßlich nicht um gut ausgestattete und im Ernstfall funktionierende Systeme handelt. Wie gesagt: Ob die lettische, bulgarische, griechische oder italienische Einlagensicherung im Ernstfall funktioniert, ist zumindest zweifelhaft.

Mit der Bankenwahl und der Eröffnung eines Tagesgeldkontos haben Sie Teil 1 Ihrer Anlagestrategie dann schon perfekt umgesetzt. In Teil 2 geht es nun um Rentabilität und die Erreichung von einer Rendite, die deutlich über der Inflationsrate liegt. Und dafür nötig sind Investments an der Börse – über Investmentfonds.

KAPITEL 4 –
INVESTMENTFONDS: EIN WICHTIGER BAUSTEIN ZUM VERMÖGENSAUFBAU

Erinnern Sie sich an das Prinzip der Diversifikation (Risikostreuung) aus Kapitel 1? Es geht also darum, nicht nur auf ein bestimmtes Investment zu setzen, sondern gleich auf mehrere. Dadurch mindert sich das Risiko. Denn auf diese Weise lassen sich starke Schwankungen einzelner Wertpapiere, vor allem Aktien, ausbügeln.

Doch auch wenn das Gebot der Stunde »Diversifikation« lautet, brauchen Sie nicht zig Wertpapiere kaufen, nur um diesem Anspruch gerecht zu werden. Denn es gibt Geldanlagen, bei denen die Risikostreuung quasi schon im Bauplan enthalten ist: die sogenannten offenen Investmentfonds, oft auch einfach kurz »Fonds« genannt. Da kaufen Anleger einzelne Fondsanteile, und das Geld, das auf diese Weise zusammenkommt, wird in verschiedene Wertpapiere beziehungsweise verschiedene Vermögensklassen investiert. Üblicherweise ist dabei von vornherein klar, wie die Mischung der einzelnen Vermögensklassen, etwa Aktien, Anleihen, Immobilien oder Edelmetalle, aussieht. Als Anleger können Sie jederzeit Fondsanteile kaufen oder auch wieder verkaufen.

Warum offene Fonds und keine geschlossenen?

Vielleicht hat die Bezeichnung »offene Investmentfonds« Sie zunächst stutzig gemacht. Warum »offene« Fonds? Tatsächlich gibt es auch geschlossene. Im Unterschied zu den offenen wird hier nur anfangs eine bestimmte Geldsumme durch den Verkauf von Anteilen eingesammelt. Dieses Geld dient dann einem ganz bestimmten Projekt, beispielsweise der Finanzierung eines Bürogebäudes oder Containerschiffes. Ist genug Geld beisammen, wird der Fonds geschlossen und nimmt keine neuen Anteilseigner auf. Das heißt, es werden auch keine Fondsanteile mehr verkauft. Dafür verpflichtet sich jeder Anteilseigner, sein Geld auf eine bestimmte Zeit im Fonds zu belassen, beispielsweise fünf, zehn oder gar 20 Jahre. Erst bei Fälligkeit darf er seine Fondsanteile dann wieder verkaufen. Als potenzieller Käufer tritt – ebenfalls im Unterschied zu den offenen Investmentfonds – ausschließlich die Fondsgesellschaft auf. Von solchen geschlossenen Investmentfonds sprechen wir nicht, wenn wir Sie zur Geldanlage in Fonds ermutigen. Wir meinen die offenen.

Vorsicht: Geschlossene Fonds für Privatanleger nicht geeignet

Einige Finanz- und Bankberater empfehlen Privatkunden geschlossene Fonds mit dem Hinweis, dass ein Handel an einem Zweitmarkt möglich sei, dass es also auch Käufer außerhalb der Fondsgesellschaft gebe, die vor Ende der Laufzeit einspringen könnten. So hat sich zum Beispiel die Börse Hamburg auf geschlossene Fonds spezialisiert und bietet Interessenten eine Handelsplattform unter der Internet-Adresse www.zweitmarkt.de an. Das ist zumindest ein Schritt in die richtige Richtung und daher aus Anlegersicht zu begrüßen. Dennoch raten wir Privatanlegern ohne eigenes Expertenwissen in dieser Materie strikt von geschlossenen Fonds ab. Die zwei wichtigsten Gründe: Der Markt ist zu klein und zu wenig liquide. Es ist zweifelhaft, ob Sie im Notfall wirklich einen Käufer für Ihren geschlossenen Fonds finden. Völlig offen ist auch, welchen Preis Sie für Ihre Fondsanteile erhalten. In den meisten Fällen müssen Sie bei geschlossenen Fonds mit hohen Preisabschlägen rechnen, wenn Sie vorzeitig aussteigen. Aktienfonds können Sie dagegen an die Fondsgesellschaft zurückgeben und erhalten dafür den tagesaktuellen Kurs. Das ist transparent, einfach und fair. Wie Aktienfonds und andere offene Investmentfonds funktionieren, erfahren Sie jetzt.

So funktionieren offene Fonds

Offene Investmentfonds sind anders gestrickt als die geschlossenen Fonds: Sie nehmen in der Regel unbegrenzt Anteilseigner mit frischem Geld auf. Die Geldsumme, die durch den Anteilsverkauf zusammenkommt, wird nicht von vornherein begrenzt – und sie wird auch nicht nur für ein einziges bestimmtes Bau- oder Finanzierungsprojekt verwendet. Vielmehr wird das Geld der Anleger in verschiedene Vermögensklassen und Wertpapiere investiert. In was genau, das steht in den Statuten des Fonds, also quasi in seinen Anlageregeln, die von Anfang an öffentlich gemacht werden. Sie sehen also im Fondsprospekt, welche Schwerpunkte der jeweilige offene Fonds setzt und (bis) zu welchen Anteilen er genau auf welche Wertpapiere und Vermögenswerte setzt (z. B. auf »Aktien Standardwerte Deutschland« oder »Anleihen Schwellenländer«). Anteile offener Investmentfonds können Sie außerdem jederzeit wieder verkaufen. Es gibt keine Mindesthaltedauer und keinen Fälligkeitszeitpunkt. Ihr Geld ist also im Unterschied zu den geschlossenen Fonds nicht für eine bestimmte Laufzeit einbetoniert, sondern im Prinzip jederzeit wieder verfügbar. Als Käufer tritt dabei nicht bloß die Fondsgesellschaft (Kapitalanlagegesellschaft, kurz KAG) auf, sondern Sie können Ihre Fondsanteile auf Wunsch auch einfach über eine Börse an andere Anleger verkaufen, wenn der betreffende Fonds börsennotiert ist (die Zahl der börsennotierten Fonds steigt stetig, damit wird Ihre Auswahl immer größer). Das macht Sie zeitlich frei. Auch wenn natürlich eine längere Haltedauer meist von Vorteil ist, so müssen Sie dieses Prinzip nicht einhalten, wenn Sie das nicht wollen.

Aktienfonds, Mischfonds, Rentenfonds & Co.: Für jeden Anleger ist etwas dabei

Fonds, also offene Investmentfonds, investieren in verschiedene Wertpapiere und Vermögensklassen, das wissen Sie jetzt. In welche sie jeweils investieren, ist ein wichtiges Auswahlkriterium für Sie als Anleger. Zunächst einmal geht es um die Anlageklasse und das Mischungsverhältnis. Demnach sind die wichtigsten Fondskategorien folgende:

➤ **Aktienfonds** investieren praktisch ausschließlich in Aktien, also Unternehmensanteile. Lediglich eine Reserve an Bargeld kommt in der Regel noch dazu. Dabei gibt es Fonds, die global investieren (»Aktien weltweit«), und andere, die sich auf ein bestimmtes Land oder eine bestimmte Region beschränken (»Aktien Deutschland«, »Aktien Europa«, »Aktien Nordamerika«). Außerdem differenzieren Fonds häufig nach der Größe der Unternehmen, von denen sie Aktien kaufen. Ein Aktienfonds »Standardwerte Deutschland« wird vor allem auf Aktien der großen Unternehmen setzen, die im deutschen Leitindex DAX vertreten sind. Ein Aktienfonds »Nebenwerte Deutschland« setzt dagegen auf kleinere Unternehmen aus dem MDAX oder SDAX, also den beiden Indizes mit Unternehmen von geringerem Börsenwert. Oder er kauft sogar Aktien von Unternehmen, deren Börsenwert so gering ist, dass sie in überhaupt keinem Aktienindex vertreten sind. Aktienfonds gibt es auch entsprechend in verschiedenen Themen und Branchen. So mag ein Schwellenländer-Aktienfonds beispielsweise vorwiegend in chinesische, brasilianische und indische Aktiengesellschaften investieren. Ein Aktienfonds »Automotive & Parts« setzt auf die Automobilbranche mitsamt ihren Zulieferern. Sie sehen, die Palette ist riesig! Aktienfonds gelten als vergleichsweise schwankungsstark – ein ständiges Auf und Ab ist typisch für die Kursbewegung von Aktien. Aktienfonds legen wir Ihnen vor allem dann ans Herz, wenn Sie Ihr Geld für lange Zeit anlegen können, also beispielsweise fünf, zehn oder 20 Jahre oder sogar noch länger. Sie sollten sich relativ sicher sein, dass Sie dieses Geld zwischendurch nicht benötigen. Dann sind Aktienfonds eine perfekte Geldanlage mit hohen Renditechancen. Der lange Anlagehorizont macht zwischenzeitliche Schwankungen in aller Regel wieder wett – und unterm Strich bleibt ein sattes Plus.

➤ **Rentenfonds**, auch Anleihenfonds genannt, investieren zu nahezu 100 Prozent in Anleihen, also in Wertpapiere, die von Staaten
und Unternehmen herausgegeben werden, die sich dadurch am
Kapitalmarkt Geld leihen. Solche Papiere heißen in der Fach-
sprache auch Renten. Auch hier gibt es Unterschiede. Zum einen
gibt es Rentenfonds, die sich auf ein bestimmtes Land oder eine
Region beschränken. Zum anderen gibt es auch Rentenfonds,
die beispielsweise ausschließlich auf Staatsanleihen oder ausschließlich auf Unternehmensanleihen setzen. Bestimmte Rentenfonds, die sogenannten »High Yield Funds« (Hochzins-
Fonds), investieren beispielsweise vorwiegend in hochverzinste,
aber dafür in höherem Maße von einem Zahlungsausfall bedroh-
te Anleihen. Und zwar in der Hoffnung, dass unterm Strich nur
wenige Ausfälle passieren und dass die hohen Zinsen der anderen Anleihen im Fondsportfolio dies mehr als wettmachen.

➤ **Geldmarktfonds** sind eine Sonderform der Rentenfonds. Sie investieren in Anleihen mit sehr kurzer Restlaufzeit. Dadurch
schaffen sie es, die aktuell am Markt herrschenden Zinsen quasi
perfekt abzubilden. Das sei hier aber nur der Vollständigkeit
halber erwähnt. Für Sie als Privatanleger sind Geldmarktfonds
gänzlich uninteressant. Denn sie werfen nicht mehr Zinsen ab als
ein Tagesgeld-, Spar- oder Festgeldkonto bei einer Bank, kosten
aber Transaktionsgebühren beim Kauf und Verkauf und zudem
Verwaltungsgebühren, die laufend vom Fondsvermögen abgezogen werden. Die sparen Sie sich besser, indem Sie einen Teil
Ihres Geldes direkt als Tagesgeld bei einer Bank anlegen!

➤ **Mischfonds** investieren in mehrere Vermögensklassen – meist in
Aktien und in Anleihen. Manche erweitern ihr Portfolio (also das
Spektrum ihrer Geldanlagen) auch noch, etwa um Immobilien
oder Edelmetalle. Bei Mischfonds bestimmt im Wesentlichen der
Aktienanteil darüber, wie rentabel, aber auch wie schwankungs-
stark sie sind. Das äußert sich oft auch in der Namensgebung: Als

»offensiv« oder »aggressiv« werden zumeist Mischfonds mit hoher Aktienquote bezeichnet, die zu 70 Prozent oder mehr in Aktien investieren. »Ausgewogen« (Englisch: »balanced«) nennt man dagegen Mischfonds, bei denen sich der Aktien- und der Anleihenanteil ungefähr die Waage halten. Den Beinamen »defensiv« tragen häufig Mischfonds mit einem hohen Anleihenanteil. Zwar unterliegen auch Anleihen während ihrer Laufzeit bestimmten Kursschwankungen, aber diese sind in aller Regel längst nicht so stark wie bei Aktien. Zudem kehrt der Kurs bei Fälligkeit einer Anleihe wieder zu seinem Anfangswert von 100 Prozent zurück, wenn der Emittent (Staat oder Unternehmen, der bzw. das die Anleihe herausgibt) nicht gerade einen Zahlungsausfall vermeldet. Denn jeder Anleiheemittent weiß: Zum Schluss gibt es das via Anleihe verliehene Geld zu 100 Prozent zurück – es gibt nicht mehr und nicht weniger. Mischfonds legen wir Ihnen ans Herz, wenn Sie einen kürzeren Anlagehorizont von unter fünf bis zehn Jahren anstreben. Oder wenn die Schwankungen am Aktienmarkt Ihnen ansonsten den Schlaf rauben und Sie lieber eine etwas risikoärmere Geldanlage haben möchten, die dennoch Renditen oberhalb des aktuell niedrigen Zinsniveaus abwirft.

In Fonds zu investieren, empfiehlt sich bei einem Anlagevermögen von 5000 Euro sehr. Denn so bekommen Sie die dringend gebotene Streuung am besten hin. Sinnvoll ist ein Mix aus aktiv und passiv gemanagten Fonds. Worin der Unterschied besteht, dazu gleich mehr im nächsten Abschnitt.

Aktiv und passiv gemanagte Fonds – ein wichtiger Unterschied

Fonds unterscheiden sich nicht allein darin, in was sie investieren, sondern auch darin, wie sie gemanagt werden:

Bei **aktiv gemanagten Fonds** ist ein Fondsmanager mit der Auswahl der Wertpapiere im Fondsvermögen (»Portfolio«) betraut. Er prüft laufend die Zusammensetzung, überlegt sich, welche Wertpapiere und Vermögensgegenstände er wegen guter Wertentwicklungs-Chancen ins Portfolio aufnehmen möchte und welche er zwecks Gewinnmitnahme oder wegen schlechter Aussichten wieder abstoßen sollte. Damit kann ein Fondsmanager auf aktuelle Entwicklungen reagieren, Schwankungen verringern und in Sachen Rendite das Beste für die Anteilseigner des Fonds herausholen (auch wenn das längst nicht jedem gelingt). Völlig klar ist aber: Diese Leistung lässt sich die Fondsgesellschaft gut bezahlen. Pro Jahr zahlen Sie für einen aktiv gemanagten Fonds in der Regel zwischen 1 und 2 Prozent des dort angelegten Geldes. Diese Verwaltungsgebühr wird einfach vom Fondsvermögen abgezweigt. Dadurch mindert sich die Performance, also die Rendite, die der Fonds erreicht. Vorsicht ist deshalb angebracht, wenn ein aktiver Fonds allzu sehr mit seiner Performance, also Wertentwicklung, protzt: Denn üblicherweise wird hier der Kursverlauf vor Abzug der Gebühren gezeigt. Wie es danach aussieht, erfahren Sie als Anleger nicht.

Im Gegensatz dazu haben die **passiv gemanagten Fonds** keinen Fondsmanager. Den brauchen sie auch nicht. Denn ihre Zusammensetzung bildet einfach einen Index ab, beispielsweise den Aktienindex DAX, EuroStoxx 50, Dow Jones oder Nikkei. Hier schaut also niemand auf die Entwicklungs-Chancen der einzelnen Wertpapiere. Und auch die Schwankungen, denen der jeweilige Index und damit auch der Passivfonds unterliegt, werden nicht abgemildert. Dafür aber sind solche Fonds auf der Kostenseite unschlagbar günstig. Bei den meisten gängigen Passivfonds liegt die jährliche Verwaltungsgebühr bei nur 0,1 bis 0,3 Prozent pro Jahr. Erhältlich sind Passivfonds heute praktisch ausschließlich als sogenannte ETFs (Exchange Traded Funds, also börsengehandelte Fonds). Diese kaufen Sie in der Regel nicht bei der Fondsgesellschaft, sondern direkt an der Börse, wie der Name schon sagt. Bekannte ETF-Anbieter sind beispielsweise

➤ iShares (dahinter steckt der US-amerikanische Finanzkonzern BlackRock),

➤ db x-trackers (dahinter steckt die Deutsche Bank),

➤ ComStage (dahinter steckt die Commerzbank),

➤ Amundi (dahinter stecken die französischen Großbanken Crédit Agricole und Société Générale)

➤ Lyxor (dahinter steckt die französische Großbank Société Générale)

Durch den Bauplan als Indexfonds ist klar: Passiv gemanagte Fonds, sprich ETFs, gibt es nicht als Mischfonds. Denn ein Index ist immer aus gleichartigen Wertpapieren zusammengesetzt, also nur aus Aktien oder nur aus Anleihen. Deshalb lohnt sich auch die Überlegung, wann Sie besser in einen aktiv gemanagten Fonds investieren und wann ein ETF die sinnvollere Alternative ist. Häufig lohnt sich auch eine Kombination aus beidem. Mehr dazu erfahren Sie in Kapitel 7.

KAPITEL 5 –
INDEXFONDS: DIE WAHRSCHEINLICH BESTE FINANZINNOVATION DER VERGANGENEN 50 JAHRE

Wie Sie im vergangenen Kapitel erfahren konnten, bilden passive Indexfonds, oder auch kurz ETF genannt, einen Aktienindex 1 : 1 ab. Steigt der Deutsche Aktienleitindex DAX um 3 Prozent, steigt auch der DAX-ETF um 3 Prozent. Die einfache Funktionsweise von Indexfonds mag trivial klingen, aber aus unserer Sicht handelt es sich dabei um die wahrscheinlich beste Finanzinnovation der vergangenen 50 Jahre.

Für diese positive Bewertung sprechen zwei Gründe:

1. **Auch Nicht-Profis können einfach in den Aktienmarkt einsteigen**

    Bevor es Indexfonds gab, musste der Anleger eine qualitativ fundierte Entscheidung treffen, die ohne Fachwissen kaum zu bewältigen war. Vor dem Kauf von Aktien musste der Anleger das Geschäftsmodell eines börsennotierten Unternehmens analysieren und zusätzlich die Zukunftsaussichten bewerten. Ohne Erfahrung und einer Form von Ausbildung war das kaum zu meistern. Und auch vor dem Kauf eines aktiv geführten Aktienfonds musste vorab eine qualitative Analyse durchgeführt werden. Die Schlüsselfragen lauteten: Welcher Fondsmanager hat in der Vergangenheit besser abgeschnitten als der Markt? Wurde das Rendite-Plus mit einem überdurchschnittlichen Risiko erkauft? Und: Wird der Fondsmanager den Markt auch weiterhin schlagen? Wechselt der Fondsmanager, musste die gesamte Analyse-

Arbeit wiederholt werden. Mit der Einführung von Indexfonds (ETF) kann quasi jeder Sparer, der über freie Finanzmittel verfügt, relativ einfach, schnell und günstig in den Aktienmarkt investieren. Schritt 1: Einen passenden Aktienindex aussuchen (deutsche Anleger können den Deutschen Leitindex DAX abbilden, US-Anleger zum Beispiel die heimischen Indizes Dow Jones oder S&P500). Schritt 2: Einen Indexfonds auf diesen Index aussuchen. Das geht im Internet ganz einfach über Spezialportale wie www.extra-funds.de => Rubrik ETF-Tools oder www.justetf.com => ETF-Suche. Mit einem Indexfonds erreichen Sie die gleichen Renditen wie der jeweilige Index. Langfristig können Sie bei Aktien dank der Kurssteigerungen und Dividenden, die auch alle in den Indexfonds einfließen, mit rund 8 Prozent Gewinn pro Jahr rechnen. Sie sind damit niemals besser als der Markt, aber auch niemals schlechter – und damit schlagen Sie bereits viele Anleger, die ohne Strategie und Plan investieren. Charlie Munger, der kongeniale Geschäftspartner der Investoren-Legende Warren Buffett, hat das wie folgt ausgedrückt: »Zu wissen, was man nicht weiß, ist nützlicher, als brillant zu sein.« Wenn Sie also kein Aktien-Experte sind, ist es besser, die Finger von Einzelwerten zu lassen und auf den Gesamtmarkt (sprich: auf einen Aktienindex) zu setzen. Seth Klarman, ebenfalls ein berühmter Investor, bringt es auf den Punkt: »Wenn Sie den Markt nicht schlagen können, müssen Sie selbst der Markt sein.« Indexfonds ermöglichen Ihnen das. Noch etwas drastischer formuliert es Warren Buffett: »Durch regelmäßige Investitionen zum Beispiel in einen Indexfonds kann ein unwissender Anleger sogar die meisten Anlageprofis schlagen. Wenn ›dummes‹ Geld seine eigenen Grenzen anerkennt, hört es paradoxerweise auf, dumm zu sein.«

2. **Die Kosten sind so günstig, dass quasi jeder investieren kann**
Vor der Einführung von Indexfonds waren Anleger, die nicht auf

einzelne Aktien setzen konnten oder wollten, aber dennoch von
den Chancen des Aktienmarktes profitieren wollten, gezwungen,
in relativ teure aktiv geführte Aktienfonds zu investieren. Die
Fondsgesellschaften ließen sich diese »Notsituation« der Anleger
fürstlich bezahlen. Beim Kauf eines Aktienfonds musste der
Sparer rund 5 Prozent Ausgabeaufschlag zahlen. Das bedeutet:
Wenn Sie damals die 5000 Euro in einen solchen Fonds investiert
hätten, wären Ihnen Fondsanteile im Wert von nur 4750 Euro
gutgeschrieben worden. 250 Euro hätte die Fondsgesellschaft direkt bei der Investition als »Eintrittsgeld« kassiert. Danach hätten
Sie zusätzlich rund 1,5 bis 2,5 Prozent Managementgebühren
pro Jahr an die Fondsgesellschaft bezahlt. Sie können sich leicht
ausrechnen: Diese Gebühren waren Rendite-Killer! Mit der Einführung von Indexfonds wurde die Fondswelt revolutioniert. Die
Kosten für die Anleger sind implodiert. Und das gleich auf mehreren Ebenen. Zum einen können Sie sehr günstig in die Indexfonds einsteigen. Ein Ausgabeaufschlag wird im Regelfall nicht
erhoben und die jährlichen Managementgebühren liegen bei nur
0,08 bis 0,5 Prozent. Je liquider (also gängiger) der Index, desto
günstiger oft die Gebühren. Und genau auf diese großen und
bekannten Indizes sollten Sie sich als Privatanleger auch konzen-
trieren. Der Faktor Kosten spielt bei den Indexfonds dann praktisch keine Rolle mehr. Zum anderen mussten aber auch die aktiv
geführten Fonds auf die passive, günstige Konkurrenz reagieren.
Eine Reaktion: Viele beliebte Aktienfonds sind jetzt über die Börse handelbar. Ihr Vorteil als Käufer: Es entfällt beim Kauf über die
Börse der Ausgabeaufschlag. Stattdessen wird nur die Differenz
zwischen Ankaufs- und Verkaufspreis fällig. Und das sind oft nur
0,5 bis maximal 2 Prozent. Im Vergleich zum Ausgabeaufschlag
in Höhe von 5 Prozent ist das ein gewaltiger Kostenvorteil. Sie
sehen: Die Einführung der Indexfonds hat zu einer deutlichen
Kostenentlastung geführt. Der Kostenfaktor ist kein Grund mehr,
den Aktienmarkt zu meiden.

Das müssen Sie über Indizes wissen

Die Investition in Indexfonds, sprich ETFs, ist denkbar einfach. Aber eine »Hausaufgabe« müssen Sie vorab erledigen. Sie müssen eine Antwort finden auf die Frage: In welchen Aktienindex wollen Sie Ihr Geld investieren? Hier kurz ein Überblick, was überhaupt ein Aktienindex ist:

Im Grunde ist ein Index eine Kennzahl, welche die Kursentwicklung eines bestimmten Marktsegments abbildet. Klingt kompliziert, ist es aber nicht. Beim Deutschen Aktienindex, dem DAX, errechnet sich diese Kennzahl vereinfacht gesagt aus den 30 wichtigsten, an der Börse notierten deutschen Unternehmen, also denjenigen, die den höchsten Börsenwert haben. Steigen die Kurse dieser Unternehmen, steigt auch der DAX. Fallen die Kurse, geht auch der DAX auf Talfahrt.

Ein Index zeichnet also die allgemeine Kursentwicklung für einen bestimmten Marktbereich nach und ist damit ein wichtiger Lieferant von Informationen. Als Anleger können Sie mit einem Blick erfassen, was sich an den Börsen in bestimmten Segmenten gerade abspielt und wie die Tendenz ist. Den Stand der wichtigsten Indizes erfahren Sie problemlos aus den Medien. Wer in einen Index investiert hat (etwa durch den Kauf eines ETFs), kann sich die aufwendige, regelmäßige Kontrolle einzelner Kurse schenken.

Wie wird der Index berechnet?

Neben den reinen Aktienkursen beeinflussen aber noch einige andere Faktoren den Stand eines Indexes. So stellt sich z. B. die Frage nach der Gewichtung der einzelnen Mitgliedswerte. Eine Möglichkeit ist, die Summe aller Aktienkurse durch die Anzahl der Unternehmen im Index zu teilen. Statistisch allerdings kommt bei dieser Berechnung ein unsinniges Ergebnis heraus, denn so erhält das Unternehmen mit dem höchsten Aktienkurs automatisch das größte Gewicht. Ein Index, der dennoch auf diese Art berechnet wird, ist der Dow Jones.

Die meisten Indizes gewichten aber die enthaltenden Aktien mithilfe der absoluten Größe nach dem Börsenwert der Mitgliedsunternehmen. Dabei wird die sogenannte Marktkapitalisierung errechnet, also die Zahl der Aktien mit deren Kurs multipliziert. Die Marktkapitalisierung ist somit der Börsenwert des betreffenden Unternehmens. Dieses Berechnungsverfahren liegt den meisten Indizes zugrunde, u. a. dem Deutschen Leitindex DAX.

Und noch eine weitere Sicherung wird häufig eingebaut: die Kappungsgrenze. Sie soll verhindern, dass ein einzelnes Unternehmen zu großen Einfluss auf den Index nimmt. Beim DAX liegt die Kappungsgrenze bei 10 Prozent. Das heißt: Steigt der Börsenwert eines Unternehmens so sehr an, dass es mehr als 10 Prozent des DAX ausmacht, wird es dennoch nur mit maximal 10 Prozent bei der Indexberechnung berücksichtigt. Eine sinnvolle Regelung, die bei modernen und guten Indizes inzwischen zum Standard gehört.

Performance- oder Kursindex – diesen Unterschied sollten Sie kennen

Ebenso wichtig wie die Gewichtung ist bei der Berechnung und Beurteilung eines Indexes die Frage, ob es sich um einen reinen Kurs-Index oder um einen Performance-Index handelt. Was ist was?

➤ Bei einem **Kurs-Index** fließen die Dividenden, die von den Mitgliedsunternehmen ausgeschüttet werden, nicht in die Berechnung ein. Berücksichtigt werden vielmehr ausschließlich die Kurse der Aktien. Nach diesem Prinzip arbeiten zahlreiche Indizes, etwa der Dow Jones, der Standard & Poor's 500 und der britische FTSE 100.

> Bei einem **Performance-Index** dagegen werden die Dividenden
> in die Berechnung des Punktestands einbezogen. Die Folge ist
> klar: Im direkten Vergleich steigt ein Performance-Index stärker
> an als ein reiner Kurs-Index. Einer der wenigen Indizes, die so
> rechnen, ist der DAX.

Mit Index-Fonds (ETFs) können Sie fast jeden Markt abdecken

Indizes gibt es wie Sand am Meer. Neben den ganz bekannten wie
DAX, MDAX, Dow Jones, Nikkei, EuroStoxx 50 etc. können Sie
solche zu bestimmten Branchen zurate ziehen, in denen je nachdem
nur Pharma-, Medien-, Banken- oder Technologieunternehmen in
die Berechnung einbezogen werden. Es gibt Indizes für Rohstoffe,
wie Öl, Edelmetalle und Kaffee, für Rentenpapiere oder bestimmte
Regionen. Und natürlich finden Sie für nahezu jedes Land auf der
Erde auch einen Länderindex. Mit Indizes können Sie also eine brei-
te Streuung bei Branchen, Regionen oder Ländern erreichen. Die
wichtigsten Indizes stellen wir Ihnen einmal näher vor.

Deutsche Aktienindizes

Zahlreiche Indizes beziehen sich ausschließlich auf deutsche Aktien.
Am wichtigsten sind die der DAX-Familie, vor allem DAX, MDAX,
SDAX und TecDAX.

DAX – Deutscher Aktienindex
Wie schon gesagt vereinigt der DAX die 30 wichtigsten deutschen
Aktien. Im DAX sind also Unternehmen wie die Deutsche Bank,
Siemens, BASF, Bayer, Daimler, SAP, Allianz und BMW vertreten.

Die Zusammensetzung wird übrigens regelmäßig angepasst, das heißt, ein schwächeres DAX-Unternehmen kann in die »zweite Liga«, den MDAX, absteigen und aus dem MDAX steigt dafür ein starkes Unternehmen in den DAX auf.

Den Stand des DAX berechnet und veröffentlicht die Deutsche Börse in Frankfurt. Der DAX ist ein relativ junger und moderner Index (er wird erst seit 1988 berechnet). Zum einen werden die Unternehmen nach ihrem Börsenwert gewichtet, zum anderen gibt es auch noch, wie oben beschrieben, eine Kappungsgrenze von 10 Prozent. Zudem ist der DAX, von dem Sie täglich in den Medien hören, einer der wenigen Performance-Indizes. In seine Berechnung fließen also die Dividenden ein. Es gibt daneben zwar auch einen weiteren DAX, der als Kurs-Index berechnet wird, der fristet aber nur ein Schattendasein und wird nicht weiter beachtet.

Name des ETF	Fondsgesellschaft	WKN ISIN	Gesamtkostenquote TER (in % p. a.)
iShares Core DAX UCITS ETF	BlackRock	593393 DE0005933931	0,16
db x-trackers DAX UCITS ETF	Deutsche Asset Management (Deutsche-Bank-Tochter)	DBX1DA LU0274211480	0,09
ComStage	ComStage (Commerzbank-Tochter)	ETF001 LU0378438732	0,08
Deka DAX ETF	Deka (Fondsgesellschaft der Sparkassen)	ETFL01 DE000ETFL011	0,15

Tabelle 5.1: Eine Auswahl an DAX-ETFs (Stand August 2017)

Lassen Sie sich übrigens von der Abkürzung »UCITS« nicht irritieren. Sie steht ganz einfach für eine Vertriebszulassung innerhalb der Europäischen Union.

MDAX – Midcap-DAX

Midcap ist die Abkürzung von »middle capitalization«, also für eine mittlere Marktkapitalisierung oder anders gesagt: für einen mittelhohen Börsenwert. Im MDAX finden Sie die 50 Unternehmen Deutschlands, deren Börsenwert auf die 30 DAX-Unternehmen folgt. In ihm sind Firmen versammelt wie Hannover Rück, Dürr, Südzucker, Krones, Osram, Fuchs Petrolub, Evonik, Fraport, Zalando und Fielmann.

Name des ETF	Fondsgesell-schaft	WKN ISIN	Gesamt-kosten-quote TER (in % p. a.)
iShares MDAX UCITS ETF	BlackRock	593392 DE0005933923	0,51
ComStage MDAX UCITS ETF	ComStage	ETF007 LU1033693638	0,30
Deka DAX ETF	Deka	ETFL44 DE000ETFL441	0,30

Tabelle 5.2: Eine Auswahl an MDAX-ETFs (Stand August 2017)

SDAX – Smallcap-DAX

Smallcap steht für »small capitalization«, also für eine niedrige Marktkapitalisierung. Im SDAX versammeln sich die nächsten 50 Unternehmen, also jene, die in ihrem Börsenwert hinter den MDAX-Unternehmen liegen. Auch hier sind durchaus namhafte Unternehmen vertreten, wie etwa Hornbach Holding, Sixt, Cewe Color, Deutz und Zooplus. Beachten Sie: Je kleiner der Index, desto weniger ETFs gibt es erfahrungsgemäß und desto höher sind die Kosten. Deshalb sehen Sie in der folgenden Tabelle auch nur einen ETF auf den SDAX.

Name des ETF	Fondsgesell-schaft	WKN ISIN	Gesamt-kosten-quote TER (in % p. a.)
ComStage SDAX TR UCITS ETF	ComStage	ETF005 LU0603942888	0,70

Tabelle 5.3: Ein SDAX-ETF (Stand August 2017)

TecDAX – Deutscher Technologieindex

Während sich in MDAX und SDAX Unternehmen aus klassischen Branchen versammeln, sind im TecDAX jene 30 wichtigsten Techno-logieunternehmen vertreten, die in Marktkapitalisierung und Börsen-wert dem DAX nachfolgen. Im TecDAX sind Unternehmen wie Jenoptik, Carl Zeiss Meditec, Morphosys und Nordex vertreten. Die bunte Mischung reicht von Windenergie über Medizintechnik bis hin zur Biotechnologie.

Name des ETF	Fondsgesell-schaft	WKN ISIN	Gesamt-kosten-quote TER (in % p. a.)
iShares TecDAX UCITS ETF	BlackRock	593397 DE0005933972	0,51

Tabelle 5.4: Ein TecDAX-ETF (Stand August 2017)

Internationale Aktienindizes

Die meisten Länder, die einen Aktienmarkt haben, haben auch einen Leitindex. Zudem gibt es supranationale Indizes, die die Aktien-märkte mehrerer Länder, Kontinente oder Regionen abbilden.

MSCI World
Die Abkürzung MSCI steht für Morgan Stanley Capital Internatio-
nal. Das ist ein amerikanischer Finanzdienstleister, der gleich mehrere verschiedene Indizes liefert. Der MSCI World Index ist ein reiner
Kursindex, der nach modernen Verfahren berechnet wird. Wie sein
Name schon sagt, versammelt er Aktien aus der ganzen Welt, insgesamt ca. 2000 Unternehmen sind gelistet. Allerdings ist die Bezeichnung »World« mit Vorsicht zu genießen. So sind nur ca. 20 bis 25
Länder im Index repräsentiert. Außerdem sind US-amerikanische
Unternehmen mit etwa 60 Prozent deutlich übergewichtet, gefolgt
von europäischen mit ca. 30 Prozent und japanischen mit 10 Prozent.
Wichtige Schwellenländer, die längst zu den größten Volkswirtschaf-
ten der Welt gehören, kommen im MSCI World (noch) nicht vor.

Name des ETF	Fondsgesellschaft	WKN ISIN	Gesamt-kosten-quote TER (in % p. a.)
db x-trackers MSCI World UCITS ETF*	Deutsche Asset Management	DBX1MW LU0274208692	0,45
ComStage MSCI World TRN UCITS ETF*	ComStage	ETF110 LU0392494562	0,20
Lyxor MSCI World UCITS ETF**	Lyxor (Tochter der französischen Bank Société Générale)	LYX0AG FR0010315770	0,30

* Fondswährung: US-Dollar; ** Fondswährung: Euro
Tabelle 5.5: Eine Auswahl an MSCI-World-ETFs (Stand August 2017)

EuroStoxx 50
Der EuroStoxx 50 (eigentlich Dow Jones EuroStoxx 50) ist ein Kurs-
index, der 50 Unternehmen aus der Euro-Zone repräsentiert, darunter sind zum Beispiel der französische Ölkonzern Total, der deutsche

Mischkonzern Siemens und der italienische Energieversorger ENI.
Die Euro-Zone umfasst alle Länder, die den Euro als Währung eingeführt haben. Damit sind etwa England, Norwegen oder die Schweiz
draußen, bleiben also in diesem Index unberücksichtigt.

Name des ETF	Fondsgesell-schaft	WKN ISIN	Gesamt-kosten-quote TER (in % p. a.)
db x-trackers EuroStoxx 50 UCITS ETF	Deutsche Asset Management	DBX1EU LU0274211217	0,09
iShares EuroStoxx 50 ETF	BlackRock	593395 DE0005933956	0,16
Lyxor EuroStoxx 50 UCITS ETF	Lyxor	798328 FR0007054358	0,20

Tabelle 5.6: Eine Auswahl an EuroStoxx50-ETFs (Stand August 2017)

Standard & Poor's 500

Der Standard & Poor's 500 (abgekürzt S&P 500) bezieht 500 US-
amerikanische Unternehmen in die Berechnung ein, darunter Unternehmen wie Exxon Mobil, Intel und Procter & Gamble. Damit ist
dieser Index deutlich breiter aufgestellt als der Dow-Jones-Index.
Außerdem sind die Berechnungsmethoden des S&P 500 viel moderner und ergeben damit ein realistischeres Bild der US-Wirtschaft.

Name des ETF	Fondsgesell-schaft	WKN ISIN	Gesamt-kosten-quote TER (in % p. a.)
iShares Core S&P 500 UCITS ETF	BlackRock	A0YEDG IE00B5BMR087	0,07
db x-trackers S&P 500 UCITS ETF	Deutsche Asset Management	DBX0F2 LU0490618542	0,15

Name des ETF	Fondsgesell-schaft	WKN ISIN	Gesamt-kosten-quote TER (in % p. a.)
ComStage S&P 500 UCITS ETF*	ComStage	ETF012 LU0488316133	0,12

* Fondswährung: US-Dollar
Tabelle 5.7: Eine Auswahl an S&P-500-ETFs (Stand August 2017)

Nasdaq 100 Index

Der Nasdaq ist das amerikanische Pendant zum deutschen TecDAX. Dabei müssen Sie zwei verschiedene Indizes unterscheiden: Der Nasdaq Composite listet 3000 Aktien aus dem Technologiesektor auf, der Nasdaq 100 nur die 100 wichtigsten. Die Abkürzung Nasdaq steht übrigens für National Association of Securities Dealers Automated Quotations. Dahinter verbirgt sich der Betreiber einer elektronischen Börse in den USA.

Name des ETF	Fondsgesell-schaft	WKN ISIN	Gesamt-kosten-quote TER (in % p. a.)
iShares Nasdaq 100 UCITS ETF*	BlackRock	A0F5UF DE000A0F5UF5	0,31
Lyxor Nasdaq 100 UCITS ETF D-EUR**	Lyxor	541523 FR0007063177	0,30

* Fondswährung: US-Dollar, ** Fondswährung: Euro
Tabelle 5.8: Eine Auswahl an S&P-500-ETFs (Stand August 2017)

Schweizer Indizes SMI und SLI

Der Schweizer Leitindex heißt SMI, der Swiss Market Index. Er ist ein reiner Kursindex. In ihm sind die 20 wichtigsten Schweizer Un-

ternehmen verzeichnet, darunter solche globalen Schwergewichte
wie Nestlé und Novartis. Aber genau diese Unternehmen stellen auch
ein Problem beim SMI dar, denn sie sind so stark, dass sie im Index
ein großes Übergewicht bilden. Wenn Sie in der Schweiz ausgewoge-
ner investieren wollen, ist der SLI, der Swiss Leader Index, eine bessere Wahl. Denn in diesem Index sind neben den 20 größten noch
zehn weitere mittelgroße Unternehmen vertreten.

Name des ETF	Fondsgesell-schaft	WKN ISIN	Gesamt-kosten-quote TER (in % p. a.)
db x-trackers SMI UCITS ETF D-EUR*	Deutsche Asset Management	DBX0NU LU0943504760	0,30
iShares SLI UCITS ETF*	BlackRock	593396 DE0005933964	0,51

* Fondswährung: Schweizer Franken
**Tabelle 5.9: Eine Auswahl an ETFs auf die Schweizer Indizes SMI und SLI
(Stand August 2017)**

ATX – der österreichische Leitindex

Was in Frankfurt der DAX ist, ist in Wien der ATX. Das Kürzel steht
für Austrian Traded Index. In diesem Kursindex sind die 20 wichtigsten österreichischen Unternehmen vertreten. Der Index ist gemäß
dem Börsenwert der enthaltenen Unternehmen gewichtet und es gibt
eine Kappungsgrenze von 20 Prozent. Diese Kappungsgrenze ist relativ hoch, die Kursentwicklung einzelner Unternehmen kann damit
immer noch großen Einfluss auf die Indexentwicklung nehmen.

Name des ETF	Fondsgesell- schaft	WKN ISIN	Gesamt- kosten- quote TER (in % p. a.)
db x-trackers ATX UCITS ETF D-EUR*	Deutsche Asset Management	DBX0KJ LU0659579063	0,25
iShares ATX UCITS ETF*	BlackRock	A0D8Q2 DE000A0D8Q23	0,32

* Fondswährung: Schweizer Franken
Tabelle 5.10: Eine Auswahl an ETFs auf die Schweizer Indizes SMI und SLI (Stand August 2017)

Themen- und Branchen-Indizes

Zwei Branchen-Indizes haben wir Ihnen bereits vorgestellt: den TecDAX und den Nasdaq 100. Der TecDAX repräsentiert deutsche, der Nasdaq US-amerikanische Technologieunternehmen. Das sind aber nur zwei Beispiele von vielen. Es gibt Indizes für alle möglichen Branchen: Banken, Pharma, Freizeit, Automobil, Nahrungsmittel, Rohstoffe und, und, und. Oftmals handelt es sich dabei um Teilindizes der bereits bekannten Standardindizes Standard & Poor's, MSCI World oder ähnlichen. Die Auswahl ist riesig.

Holen Sie sich Informationen bei ETF-Anbietern

Einen Überblick über die Fülle der Branchenindizes können Sie sich bei den verschiedenen ETF-Anbietern wie www.ishares.de, www.comstage.de oder www.etf.db.com verschaffen.

Allerdings gilt bei Branchen-Indizes: Sie eignen sich nicht unbedingt als Langzeit-Investment. Denn hier gehen Sie als Anleger auf jeden Fall ein Klumpen-Risiko ein: Geht es einem Unternehmen in der Branche schlecht, dann trifft es meistens auch die anderen. Und dass eine einzige Branche im Vergleich zum gesamten Aktienmarkt die Nase vorn hat, mag zwar zeitweise der Fall sein, aber nicht unbedingt dauerhaft. Von ETF-Investments in Branchen-Indizes sollten Sie daher besser absehen – es sei denn, Sie sind bereit, sich näher und intensiver mit dem Aktienmarkt zu beschäftigen.

Unsere Empfehlung: DAX-ETF als Basisinvestment, MSCI World- und MDAX-ETF als Beimischung

Wenn Sie größere Beträge in Aktienindizes investieren oder einen ETF-Sparplan einrichten wollen, sollten Sie die Auswahl möglichst einfach halten. Eine mögliche Aufteilung Ihres freien Kapitals:

➤ 50 Prozent DAX-ETF – Begründung: Sie können den Indexstand jederzeit leicht überprüfen und wissen dann auch, wie sich Ihre Geldanlage entwickelt hat. Außerdem gibt es bei einem solchen ETF keine Währungsschwankungen zu beachten. Investiert wird in solide Standardaktien aus Deutschland.

➤ 25 Prozent MSCI-World-ETF – Begründung: Mit diesem Index decken Sie die internationalen Aktien-Schwergewichte ab.

➤ 25 Prozent MDAX-ETF – Begründung: Die Werte aus der zweiten Börsenreihe in Deutschland bringen oft etwas mehr Rendite als die großen Standardwerte. Allerdings müssen Sie hier auch mit größeren Schwankungen rechnen.

Wie Sie via Sparplan einfach und erfolgreich in diese Fonds investieren, lesen Sie in Kapitel 8.

Kapitel 6 –

Aktive Fonds: Erfolgreich in schlechten Marktphasen und in schwierigen Märkten ohne passenden Index

Trotz der enormen Vorteile, die Indexfonds in die Fondsbranche gebracht haben, ist es sinnvoll, auch aktiv geführte Fonds auf der Beobachtungsliste und im Depot zu haben. Mögliche Einsatzbereiche:

1. Es gibt keinen passenden Indexfonds (ETF) für das gewünschte Land, die Region oder die Branche (dafür aber aktive Fonds mit dem entsprechenden Schwerpunkt).

2. Die Index-Gewichtung passt nicht zum eigenen Anlagewunsch. So deckt etwa der »Weltindex« MSCI World nicht wirklich die ganze Aktien-Welt ab, sondern konzentriert sich auf US-Aktien mit gut 60 Prozent Indexgewicht und einige weitere Industrienationen.

3. Wenn der Fonds in kritischen Phasen nicht immer zu 100 Prozent in Aktien investiert sein soll, bietet sich ebenfalls kein Indexfonds, sondern ein aktiv geführter Aktienfonds an, der die Aktienquote je nach Marktlage variieren kann.

Hinzu kommt noch eine mittel- bis langfristige strategische Überlegung: Wie bereits mehrfach in diesem Buch beschrieben, haben die Indexfonds die Börsenwelt revolutioniert. Es gibt weltweit bereits rund 7000 Exchange Traded Products (dazu zählen auch die ETFs) mit einem Anlagevolumen von aktuell 4,3 Billionen US-Dollar – Tendenz stark steigend. Die 5-Billionen-Marke wird zeitnah fallen, und auch dann ist noch kein Ende des Wachstums in Sicht. Einige Kritiker

stellen jetzt die These auf, dass sich die Index-Produkte »zu Tode sie-
gen werden«. Irgendwann ist so viel Geld in den Indexfonds investiert,
dass diese Fonds quasi im Alleingang das Auf und Ab der Aktienmärkte bestimmen. Fließt frisches Geld in die Indexfonds, muss dieses
direkt in die betreffenden Index-Aktien investiert werden. Die Aktien
im Index marschieren dann im Gleichschritt nach oben. Doch nicht
jede Aktie, die in einem großen Index notiert, ist auch ein Top-Wert.
Jeder Aktienindex enthält auch Unternehmen, die sich auf dem abstei-
genden Ast befinden. An sich müssten diese Aktien aus dem Index absteigen, doch die Mittelzuflüsse durch die Indexfonds verhindern die
Korrektur. Schwache Werte bleiben dann im Index, aufstrebende
Wachstumsunternehmen aus der zweiten und dritten Börsenreihe
können nicht mehr nachrücken, weil in diese Nicht-Index-Aktien
weniger Anlegergeld fließt. Das Ende vom Lied: Die Indizes verkrus-
ten und schleppen (zu) viele operativ schwache Werte mit. Ab einem
gewissen Punkt kann dieses System platzen. Wenn die Käufer von
Indexfonds merken, dass sie in Schrott investieren, werden sie den
Geldhahn zudrehen und die Indexfonds sogar verkaufen. Das würde
die große Bereinigung einleiten.

Und genau dann würde die Stunde der aktiv geführten Aktienfonds
schlagen. Die Fondsmanager können komplett frei agieren und sich
die Trüffel am Aktienmarkt aussuchen. Wenn die ehemaligen Index-
Anleger ihr Geld als Reaktion in die aktiv geführten Fonds investieren, würde hier der nächste Kursaufschwung einsetzen.

Ob dieses Szenario so eintritt, kann heute noch niemand sagen. Aber
je mehr Geld in die Indexfonds fließt, desto größer ist die Wahrscheinlichkeit, dass am Ende der Entwicklung die Index-Blase platzt
und die »Stockpicker«, also die Fonds und Investoren, die Einzel-
werte aussuchen, die Gewinner sein werden. Wie oben geschrieben:
Indexfonds (ETFs) sind aus unserer Sicht die wahrscheinlich beste
Finanzinnovation der vergangenen 50 Jahre, aber auch eine sehr gute

Idee kann in Übertreibungsphasen zu einem negativen Ergebnis führen. Daher empfehlen wir eine offene Haltung zu Indexfonds *und* aktiv geführten Fonds. Warum sollen Sie auch ohne Not auf eine Anlage-Option an der Börse verzichten?

Musterbeispiel für einen aktiven Fonds: Frankfurter Aktienfonds für Stiftungen (auch für Sie als Privatanleger geeignet)

Viele Fondsmanager orientieren sich sehr eng an dem ausgewählten Vergleichsindex (auch Benchmark genannt). Will ein aktiv geführter Aktienfonds zum Beispiel in große deutsche Standardwerte investieren, wird sich der Fondsmanager fast immer am deutschen Leitindex DAX orientieren. Ist die Übereinstimmung jedoch zu groß, hat der aktiv geführte Fonds jedoch keine Daseinsberechtigung. Dann müssten Sie rund 2 Prozent Gebühren pro Jahr zahlen, um praktisch nur den Index zu kopieren. Solche Fonds sollten Sie meiden!

Praxistipp: Ein Benchmark-Vergleich bringt Klarheit

Vor dem Fondskauf sollten Sie die Kursentwicklung des Fonds, den Sie in Betracht ziehen, mit der Kursentwicklung der Benchmark vergleichen. Also mit dem Index, der der Anlagestrategie des Fonds am nächsten kommt. Einen Aktienfonds »Standardwerte Deutschland« vergleichen Sie beispielsweise mit dem DAX, einen Aktienfonds »Standardwerte weltweit« mit dem MSCI World. Verlaufen die Charts des Fonds und der Benchmark fast deckungsgleich, lohnt sich der Kauf dieses Fonds nicht. Ein solcher Vergleich klingt nach »Profi-Wissen«, ist aber in drei Minuten erledigt.

➤ Schritt 1: Besuchen Sie ein kostenloses Börsenportal im Internet (zum Beispiel www.onvista.de).

➤ Schritt 2: Geben Sie die Wertpapierkennnummer (WKN) des ausgesuchten Fonds ein.

➤ Schritt 3: Klicken Sie im Menü auf »Chartanalyse«.

➤ Schritt 4: Klicken Sie den Unterpunkt »Benchmark« an.

➤ Schritt 5: Wählen Sie den passenden Vergleichsindex aus (Tipp: fast alle Fonds geben in der Produktübersicht den passenden Vergleichsindex an).

➤ Schritt 6: Vergleichen Sie beide Charts über mehrere Zeiträume (im Optimalfall: ein Jahr, drei Jahre, fünf Jahre, zehn Jahre).

Die Chartverläufe zeigen Ihnen, ob der ausgewählte aktive Fonds einen echten Mehrwert im Vergleich zum Indexfonds bietet. Der aktive Fonds muss besser abschneiden als der Index und/oder deutlich weniger Schwankungen aufweisen.

Wir haben für Sie exemplarisch einen Aktienfonds ausgesucht, der sich bewusst weit vom Vergleichsindex entfernt und bei der Aktienauswahl nur geringe Überschneidungen aufweist. Der **Frankfurter Aktienfonds für Stiftungen** (WKN: A0M8HD, ISIN: DE000A0M-8HD2) verfolgt dabei ganz bestimmte Ziele, wie Sie in der Fondsbeschreibung lesen können:

»Der Frankfurter Aktienfonds für Stiftungen investiert in unterbewertete Aktien mit einer hohen Sicherheitsmarge, um das Risiko zu reduzieren, gleichzeitig aber auch die Renditechancen zu erhalten. Der Fokus liegt auf Small und Mid Caps mit Schwerpunkt Europa, die eine hohe Dividendenrendite erwarten lassen. Der Fonds dient dem langfristigen Erhalt und Zuwachs des Vermögens. Ob institutionelle Investoren wie Stiftungen, Versorgungskassen und Versicherungen oder Privatanleger – das Ziel ist für alle gleich: auf Dauer kein Geld zu verlieren und darüber hinaus eine mittel- bis langfristig überdurchschnittliche Rendite zu erzielen. Dem fühlen wir uns verpflichtet.«

Bei der Aktienauswahl orientieren sich die Fondsmanager an den bekannten Value-Kriterien (also dem wertorientierten Ansatz, dem sich beispielsweise auch Investment-Guru Warren Buffett verpflichtet):

1. **Investiere in eine Aktie mit »Sicherheitsmarge«** – das bedeutet: die Aktie muss an der Börse deutlich – zum Beispiel 30 Prozent – unter dem fundamental berechneten Kursziel notieren. Der Star-Investor Warren Buffett, der bekannteste Vertreter der Value-Schule, hat es auf den Punkt gebracht: »Die Frage wie man reich wird, ist leicht zu beantworten. Kaufe einen Dollar, aber bezahle nicht mehr als 50 Cent dafür.«

2. **Investiere in inhabergeführte Unternehmen** – das bedeutet: Manager, die am Unternehmen beteiligt sind, agieren oft nachhaltiger und erfolgreicher als »eingekaufte« Manager, die eher an die kurzfristig erreichbaren Bonus-Zahlungen denken.

3. **Investiere in Unternehmen, die einen Burggraben besitzen** – das bedeutet: das Unternehmen sollte durch Patente, einen starken Namen, bekannte Marken oder andere Vorteile einen möglichst uneinnehmbaren Wettbewerbsvorteil besitzen.

4. **Nutze die Psychologie des Marktes** – das bedeutet: In Boomphasen ist »Mr. Market« extrem optimistisch und zahlt viel zu

hohe Preise für Aktien; in Krisenzeiten ist »Mr. Market« depressiv und verschleudert seine Aktien zu Schnäppchenpreisen. Im Crash muss man als Value-Investor mutig sein und gegen die Weltuntergangsstimmung Aktien billig einsammeln. Buffett empfiehlt: »Seien Sie ängstlich, wenn die Welt gierig ist und seien Sie gierig, wenn die Welt ängstlich ist.«

Diese Kriterien klingen fast zu einfach, um wahr zu sein, aber kaum ein Anleger hält sich daran. 90 Prozent der Privatanleger scheitern an den psychologischen Fallen Gier und Angst. Die Fondsmanager des Frankfurter Aktienfonds für Stiftungen sind sicherlich nicht perfekt und treffen ebenfalls Fehlentscheidungen. Doch unter dem Strich führen die oben genannten vier Kriterien dazu, dass sie regelmäßig den Markt schlagen. Hier eine Übersicht als Leistungsindikator:

Zeitraum	1 Monat	YTD (seit Jahresbeginn)	1 Jahr	3 Jahre	Seit Auflage	Seit Auflage pro Jahr
Frankfurter Aktienfonds für Stiftungen	0,31 %	11,33 %	15,27 %	36,56 %	177,71 %	11,21 %
Vergleichsindex MSCI Europe Small Cap	-0,65 %	10,51 %	14,56 %	41,44 %	120,21 %	8,56 %
Outperformance (Um wie viel besser ist der Fonds im Vergleich zur Benchmark?)	0,96 %-Punkte	0,81 %-Punkte	0,71 %-Punkte	-4,88 %-Punkte	57,51 %-Punkte	–

Tabelle 7.1: Wertentwicklung nach Perioden (Stand: 25.08.2017), Datenquelle: http://sharholdervalue.de/management-ag/fonds/

Während der Vergleichsindex MSCI Europe Small Cap die am Aktienmarkt langfristig üblichen 8 Prozent Gewinn pro Jahr erzielt hat, kommt der Fonds seit seiner Auflage am 15. Januar 2008 (also mitten in einer Crash-Phase) auf ein durchschnittliches Jahresplus von über 11 Prozent.

Dieser zweistellige Gewinn ist bemerkenswert, da die Fondsmanager relativ konservativ agieren. Zum einen werden die Aktien nach Value-Kriterien ausgewählt, also nach Kennzahlen, die sich nicht am bisherigen Chartverlauf orientieren. Vielmehr richten sie sich nach der Leistungskraft des Unternehmens und nach seinem aktuellen Kurs an der Börse. Zum anderen ist der Fonds bekannt dafür, in unübersichtlichen Börsenphasen die Aktienquote zu senken und die Cashquote zu erhöhen. Nicht investiertes Geld aber kann sich allerdings nicht vermehren. Der Kapitalschutz ist in diesem Fall wichtiger als die maximal erreichbare Rendite.

Was ebenfalls bemerkenswert ist: Der Fonds verpflichtet sich zu einer nachhaltigen Geldanlage. In folgende Unternehmen und Branchen investiert er nicht:

➤ Hersteller von alkoholischen Getränken und Tabakwaren

➤ Glücksspieleinrichtungen (auch online)

➤ Entwickler, Hersteller oder Vertriebspartner von Rüstungsgütern (lt. Anhang Kriegswaffenkontrollgesetz)

➤ Entwickler, Hersteller oder Vertriebspartner völkerrechtlich geächteter Waffen (zum Beispiel Landminen)

➤ Erzeuger von Kernenergie

➤   Hersteller oder Vertriebspartner pornographischen Materials

➤   Unternehmen, die sich Menschen- und Arbeitsrechtsverletzungen zuschulden kommen lassen

➤   Unternehmen, bei denen Umweltverschmutzung und Korruption praktiziert wird.

So finden Sie weitere, gute Aktienfonds

Wir haben Ihnen exemplarisch einen seit vielen Jahren erfolgreichen Aktienfonds vorgestellt. Wenn Sie Ihr Wertpapier-Depot mit weiteren Fonds aufstocken wollen, können Sie für die Vorauswahl bekannte Fonds-Experten wie Morningstar nutzen. Gehen Sie dazu einfach im Internet auf die Seite www.morningstar.de. Morningstar analysiert u. a. Fonds und vergibt auch Noten. Sie können diesen Dienst gleich zweifach nutzen:

1. Wenn Sie einen interessanten Fonds gefunden haben, können Sie die Wertpapierkennnummer direkt auf der Startseite von Morningstar eingeben und erhalten dann alle wichtigen Fonds-Informationen im Kurzüberblick und eine Bewertung (ein bis fünf Sterne). Weist Ihr Fonds vier bis fünf Sterne auf, ist das ein weiterer Pluspunkt. Kommt der Fonds auf eine schlechte Note, sollten Sie sich genauer anschauen, wie die schlechte Note entstanden ist. Gab es zum Beispiel nur ein schlechtes »Ausrutscherjahr« oder schneidet der Fonds permanent schlechter ab als die Konkurrenz? Völlig klar: Einmalige Ausrutscher fallen bei der Bewertung weniger ins Gewicht als ständige schlechte Performance.

2. Wenn Sie noch keine eigene Fonds-Idee haben, können Sie sich die Favoriten von Morningstar (www.morningstar.de => Fonds => Quickrank) ansehen. Dort gibt es viele Auswahlkriterien wie

Land, Anlagestil, Branche. Gefällt Ihnen ein Fonds, können Sie die Fondsbeschreibung lesen und prüfen, ob die Anlagephilosophie des Fondsmanagements zu Ihnen und Ihren Zielen passt.

Fazit: Indexfonds für die Offensive, aktive Fonds für die Defensive

Beide Fonds-Typen – aktiv und passiv geführte Fonds – sind sehr sinnvolle Depot-Bausteine. Setzen Sie nicht einseitig nur auf aktive Fonds (Ihre Hausbank wird wahrscheinlich versuchen, Ihnen die teuren aktiven Fonds zu verkaufen) und auch nicht nur auf passive Fonds (wenn es keinen »guten« Index gibt, sollten Sie auch keinen Indexfonds mit diesem Schwerpunkt kaufen). Wählen Sie für Ihr Depot das Beste aus beiden Welten! Es ist wie beim Sport: Wenn Sie gewinnen wollen, kommt es auf die richtige Balance zwischen Offensive und Defensive an. Mit den Indexfonds geben Sie an der Börse stets Vollgas (Indexfonds sind per Definition immer zu 100 Prozent in den jeweiligen Index investiert). Mit einem aktiv geführten Fonds können Sie Ihre Defensive stärken (Fondsmanager können die Aktienquote im Portfolio senken und die Cashquote erhöhen und so das Risiko reduzieren).

Mischfonds: Die erste Wahl, wenn Sie einem Profi den richtigen Anlage-Mix überlassen wollen

Wenn Sie das Gefühl haben, dass Sie kein glückliches Händchen bei der Auswahl von Aktien oder anderen Anlageklassen haben und auch beim Timing (wann kaufen, wann verkaufen?) unsicher sind, können Sie diese Aufgaben auch an einen Profi abgeben. Dabei sind Sie nicht auf teure Vermögensverwalter angewiesen, die über einen Anlage-

betrag von 5000 Euro nur lachen würden. Die einfache Lösung: bör-
sennotierte Mischfonds!

In Kapitel 4 haben wir Ihnen diese spezielle Fondsvariante bereits vorgestellt. Die Fondsmanager können in unterschiedliche Anlageklassen
wie Aktien, Anleihen, Edelmetalle oder auch Cash investieren – also
eine Art Mini-Vermögensberatung. Einige Banken und Vermögensbe-
rater haben ihre »Ideal-Depot-Lösungen« in die Form eines Fonds ge-
gossen und damit der breiten Anlegermasse zur Verfügung gestellt.

Wir stellen Ihnen jetzt zwei Mischfonds mit jeweils unterschiedlichen
Chance-Risiko-Profilen vor.

Defensiver Mischfonds FOS Rendite und Nachhaltigkeit

Dieser Mischfonds aus dem Hause DWS (Fondstochter der Deutschen Bank) investiert in bonitätsstarke Anleihen und zu maximal
30 Prozent in Aktien. Seine WKN lautet DWS0XF, die ISIN
DE000DWS0XF8. Die Portfolio-Gewichtung sah Mitte 2017 wie
folgt aus: 70,9 Prozent Anleihen, 19,6 Prozent Aktien, 8,4 Prozent
Fonds, 0,6 Prozent REITs (börsengehandelte Immobilien-AGs) und
0,4 Prozent Barreserve.

Der Fonds eignet sich für Privatanleger, die sich langsam an das Thema
Aktien herantasten und in der Startphase größere Schwankungen
vermeiden möchten. Wie der Name bereits andeutet, ist das Thema
Nachhaltigkeit ein wichtiges Auswahlkriterium. Nach eigenen Angaben verbindet der Fonds den Anleger-Wunsch nach Vermögenssteige-
rung mit der Verantwortung gegenüber Gesellschaft sowie Mensch und
Natur. Staaten und Unternehmen, die gegen ethische oder ökologische
Kriterien verstoßen, werden bei der Aktien- und Anleihenauswahl
nicht berücksichtigt.

Der Fonds überzeugt weiterhin mit zwei Pluspunkten: Zum einen ist die Rendite trotz der defensiven Aufstellung und der Niedrig-Zins-Phase attraktiv. Das Fünf-Jahres-Ergebnis liegt bei +25,2 Prozent. Das entspricht einer jährlichen Rendite von 4,6 Prozent. Zum anderen sind die jährlichen Gebühren mit nur 0,9 Prozent erfreulich niedrig. Unser Tipp: Den Ausgabeaufschlag in Höhe von 3 Prozent können Sie vermeiden, indem Sie den Fonds einfach über die Börse kaufen, statt über die Fondsgesellschaft (Kapitalanlagegesellschaft, kurz KAG). Wählen Sie dazu als »Handelsplatz« im Orderformular eine Börse aus und vermeiden Sie den Eintrag »KAG«. Bei Einmal-Investments ist das möglich. Bei Sparplänen gehen Sie am besten über einen Fondsvermittler wie AVL Investmentfonds, Fondsdiscount, Fondsvermittlung24 oder Fonds-Super-Markt. Da ist ein Kauf über die Börse zwar nicht möglich, aber häufig erhalten Sie dennoch einen Rabatt oder vollständigen Erlass des Ausgabeaufschlags und können ebenfalls sehr kostengünstig investieren.

Offensiver Mischfonds Flossbach von Storch Multiple Opportunities

Fondsmanager Bert Flossbach setzt traditionell stark auf Sachwerte. Das erkennen Sie leicht, wenn Sie einen Blick auf die Depot-Gewichtung dieses Fonds (WKN: A0M430, ISIN: LU0323578657) werfen: 61 Prozent Aktien, 18 Prozent Barreserve, 11 Prozent Edelmetalle, 8 Prozent Anleihen und 2 Prozent Absicherungs-Instrumente (Stand August 2017). Insgesamt ist die Mischung deutlich offensiver: Substanz mit Rendite.

Das Ergebnis: Der FvS-Fonds schwankt stärker an der Börse, doch dafür war in den vergangenen Jahren auch die Rendite spürbar höher. In den vergangenen fünf Jahren legte der Fondskurs um 43,46 Prozent zu. Das entspricht einer jährlichen Rendite von 7,48 Prozent.

Die größere Anlagebandbreite verursacht allerdings auch höhere Kosten. Pro Jahr müssen Sie mit Gebühren von bis zu 2 Prozent rechnen. Zumindest den Ausgabeaufschlag können Sie aber auch hier ganz einfach umgehen, indem Sie den Fonds nicht über die Fondsgesellschaft kaufen, sondern über die Börse. Auch dieser Fonds ist nicht direkt bei der Fondsgesellschaft sparplanfähig (siehe Kapitel 8). Wenn Sie ihn jedoch über einen passenden Broker oder über einen Fondsvermittler erwerben, dann können Sie ihn trotzdem via Sparplan besparen.

Nochmals als Resümee: Sie können in aktive oder in passive Fonds investieren. Als aktiv gemanagte Fonds legen wir Ihnen Mischfonds ans Herz, die hauptsächlich dann empfehlenswert sind, wenn Ihr Anlagehorizont vergleichsweise kurz ist. Grundsätzlich besteht aber bei aktiven Fonds auch die Möglichkeit, als Alternative zu ETFs einen reinen Aktienfonds zu nehmen. Deshalb lohnt sich eine nähere Betrachtung der Frage, wann Aktiv- und wann Passivfonds jeweils die bessere Option sind. Dazu gleich mehr im nächsten Kapitel.

Kapitel 7 –
Passive Indexfonds versus aktive Fonds:
Was ist besser?

Indexfonds (ETFs) sind eine große Bereicherung und ein pflege-
leichter und kostengünstiger Baustein in einem gut strukturierten
Depot. Am Ende von Kapitel 5 haben Sie auch erfahren, in welchen
Fällen wir Indexfonds als Depot-Beimischung empfehlen und welche
wir Ihnen besonders ans Herz legen. Dennoch darf bei diesem Thema eine kritische Analyse nicht fehlen. Wie jedes Börsen-Instrument
haben auch Indexfonds Schwachpunkte, die Sie kennen sollten. Und
es gibt Situationen, in denen aktiv gemanagte Fonds die bessere Alternative sind.

Ein Index ist der Blick in den Rückspiegel

Ein Indexfonds bildet – wie der Name schon sagt – einen Index ab. Es
stellt sich jedoch die Frage: Wie sinnvoll ist es, einen bestehenden
Index 1 : 1 abzudecken? Denn die aktuelle Index-Gewichtung und
Index-Zusammenstellung ist immer ein Blick in den Rückspiegel. So
sind in einem Aktien-Index die Werte vertreten und hoch gewichtet,
die in der Vergangenheit gut abgeschnitten haben und rege an der
Börse gehandelt wurden. Ein Erfolg in der Vergangenheit ist aber keine Garantie dafür, dass diese Werte auch zukünftig gut abschneiden.
Im Gegenteil: Einige Kritiker bemängeln, dass die Index-Schwerge-
wichte oft kursmäßig »überhitzt« sind und Rückschläge drohen.
Auch sei ein Index nicht immer die perfekte Mischung aus verschiedenen Branchengewichtungen, da es immer »Boom-Branchen« gibt
und diese dann aufgrund der jüngsten Kursanstiege im jeweiligen
Index besonders stark vertreten sind. So kann sich ein »Klumpenrisi-
ko« bilden, das Risiko, dass bestimmte Aktien der gleichen Branche

alle zusammen in einem Index vertreten sind und gemeinsam in den
Keller rauschen, wenn es mit der betreffenden Branche bergab geht.

Diese Kritik trifft bei einigen Indizes und folgerichtig auch Indexfonds zu. Blicken wir auf einen relativ jungen Indexfonds, der 2010
an der Börse platziert wurde. Dieser ETF ermöglicht es auch Privatanlegern, auf die Wachstumskarte China zu setzen. Der Indexfonds
deckt den Index HSCEI ab, der die wichtigsten Aktien kontinental-
chinesischer Unternehmen an der Börse Hongkong (H-Aktien) ver-
eint. So können Anleger auch in Deutschland einfach und kostengünstig in den chinesischen Aktienmarkt investieren. Was in der
Fonds-Werbung seltener erwähnt wird, ist die Index-Gewichtung.
Die chinesischen Aktien aus der Finanzbranche, die sehr gut gelaufen
sind, hatten beim Start 2010 ein Index-Gewicht von fast 60 Prozent.
Mit anderen Worten: Dieser Indexfonds ist im Prinzip eine Wette auf
den Erfolg der chinesischen Banken und Versicherungen. Wenn es
hingegen in China zu einer Finanzkrise kommt, rauscht der Index
(und damit auch der Indexfonds) in die Tiefe. Ein aktiv geführter Aktienfonds mit Schwerpunkt China setzt auf einen besseren Branchen-
Mix. Damit sinkt das Risiko.

Das China-Beispiel ist keineswegs eine exotische Ausnahme. Wir
müssen nur in unser Nachbarland Schweiz blicken. Wenn Sie glau-
ben, dass Sie mit dem Kauf eines Indexfonds auf den Leitindex SMI
den Schweizer Aktienmarkt breit gefächert abdecken, müssen wir Sie
enttäuschen: Die drei Schwergewichte Roche, Novartis und Nestlé
haben zusammen ein Index-Gewicht von über 50 Prozent. Wenn diese drei Schwergewichte nicht laufen, stagniert der Index.

Fehlende Flexibilität – immer Vollgas

Wenn Sie einen Aktien-Indexfonds im Depot haben, geben Sie am
Aktienmarkt immer Vollgas. Der Indexfonds investiert das Fonds-

volumen stets zu 100 Prozent – auch in schlechten Börsenphasen. Während aktiv geführte Fonds in Crash-Phasen zum Beispiel die Bargeld-Quote erhöhen oder zum Teil sogar am Terminmarkt bestehende Positionen absichern können, ist ein Indexfonds in jeder Börsen-Phase voll investiert. In Crash-Phasen kann diese fehlende Flexibilität ein Nachteil sein. Allerdings darf nicht unerwähnt bleiben: Kein Fondsmanager wird den Wendepunkt am Aktienmarkt exakt treffen und die Aktien-Quote genau am Tiefpunkt wieder erhöhen. Der Indexfonds ist dagegen auch am Wendepunkt voll investiert und profitiert so schneller und dynamischer vom Aufschwung.

Schwieriger Vergleich: aktiv gegen passiv

Sie haben es vielleicht schon gelesen: Es gibt Studien, die zu dem Ergebnis gekommen sind, dass 80 bis 90 Prozent der Fondsmanager es nicht schaffen, den Vergleichsindex zu schlagen. Diese Studien sind zum Teil umstritten. Die Fondsgesellschaft DWS, eine Tochter der Deutschen Bank, kommt zum Beispiel zu dem Ergebnis, dass über einen Zeitraum von zehn Jahren 72 Prozent der DWS-Fonds besser abgeschnitten haben als der Vergleichsindex (da DWS aktiv geführte Fonds vertreibt, ist diese Untersuchung mit Vorsicht zu genießen). Umgekehrt kommt der Indexanbieter S&P, einer der größten Gewinner des ETF-Booms, in einer Studie zu dem Ergebnis, dass in den vergangenen 15 Jahren weniger als 17 Prozent der global anlegenden Aktienfondsmanager den Welt-Index geschlagen haben. Je nachdem, wie man misst, wie man gewichtet und welche Zeiträume betrachtet werden, fallen die Unterschiede recht groß aus. Die Mehrheit der uns bekannten Studien kommt zu dem Ergebnis, dass mehr als 50 Prozent der aktiv geführten Fonds den Vergleichsindex nicht schlagen. Aber ob diese Quote tatsächlich bei 80 bis 90 Prozent liegt, muss stark bezweifelt werden. Es ist also durchaus nicht die berühmte Suche nach der Nadel im Heuhaufen, wenn man einen gut geführten aktiven Fonds herausfiltern möchte.

Eine Spitzfindigkeit bei den Statistiken müssen Sie auch noch berücksichtigen: Die Anhänger der Indexfonds verweisen stets darauf, dass die meisten aktiv geführten Fonds den Vergleichsindex nicht schlagen. Spontan könnte man das mit der Aussage gleichsetzen, dass diese aktiv geführten Fonds dann zwangsläufig auch schlechter abschneiden als die Indexfonds. Das muss aber nicht zwingend so sein. Indexfonds sind sehr günstige Anlageformen, aber auch nicht gratis zu haben. Die Kosten liegen im Regelfall im Bereich von 0,1 bis 1,0 Prozent pro Jahr. Das heißt: Die Indexfonds schneiden Jahr für Jahr etwas schlechter ab als die entsprechenden Indizes. Ein fairer Vergleich müsste daher die Ergebnisse von aktiven und passiven Fonds untersuchen und nicht die Kursentwicklung aktiver Fonds mit der von Indizes vergleichen. Ein solcher Vergleich ist aber (noch) nicht möglich, da die meisten Indexfonds sehr jung sind. Wenn mittelfristig Vergleiche über zehn oder 30 Jahre vorliegen, wird man objektiver entscheiden können, welche Fonds-Variante langfristig besser ist.

ETF-Anbieter wiederholen die Fehler der Zertifikate-Industrie

Der Lerneffekt in der Finanzindustrie ist leider sehr gering. Die ETF-Anbieter wiederholen exakt die gleichen Fehler, die die Zertifikate-Emittenten (aufgrund der Zertifikate-Masse passt besser der Begriff Zertifikate-Industrie) gemacht haben: Aus Geldgier wird eine ursprünglich gute Idee verwässert und ins Gegenteil umgekehrt. Zur Erinnerung: Die Zertifikate-Emittenten haben zunächst relativ sinnvolle Innovationen wie Index-Zertifikate und Discount-Zertifikate entwickelt. Irgendwann waren die guten Ideen erschöpft und es wurde fast nur noch »Zertifikate-Müll« produziert.

Die Geschichte wiederholt sich. 1993 wurde der erste Indexfonds gegründet, jetzt gibt es schon rund 7000. Die Zahl der ETFs explodiert förmlich. Da die gängigen Indizes schon mehrfach abgedeckt wurden, kommen immer kuriosere Fonds auf die Kurszettel. Es werden neue Indizes »erfunden«, es gibt ETFs mit Hebel, ETFs, die Strategien abdecken, ETF-Dachfonds und so weiter ...

Mit diesen Neuerungen werden die elementaren Vorteile der ETFs ausgehebelt. ETFs sind so erfolgreich, weil sie einfach, transparent und günstig konstruiert sind. Dieses Alleinstellungsmerkmal zerstört die Fondsindustrie mit den »exotischen« Neukonstruktionen. Nebenbei bemerkt: Solche künstlichen Indizes und die zugehörigen ETFs bringen die Finanzkonzerne vorwiegend deshalb heraus, weil sie dann auch höhere Gebühren verlangen können. Leider eine sehr bedenkliche Entwicklung.

Aber dagegen gibt es zum Glück ein Gegenmittel: Bleiben Sie bei den einfachen, ursprünglichen ETFs. Also bei denen, die bekannte und altbewährte Indizes wie den DAX, den EuroStoxx 50 oder den S&P 500 abbilden. Unsere Empfehlungen dazu haben Sie in Kapitel 5 bereits erhalten.

Kapitel 8 –
Fonds- und ETF-Sparpläne: So umgehen Sie elegant das Timing-Problem

Theoretisch könnten Sie auf einen Schlag den ganzen Batzen Geld in einen aktiv geführten Fonds oder ETF stecken. Das Problem ist nur: Es ist vorab völlig unklar, ob Sie dabei einen günstigen Einstiegstermin erwischen. Das wäre zwar weniger tragisch, wenn Sie Ihr Geld 20 oder 30 Jahre investiert lassen. Ärgerlich wäre ein Einstieg zu (vorläufigen) Höchstkursen aber doch, wenn Sie nur einen Anlagehorizont von beispielsweise drei oder fünf Jahren hätten. Zum Glück lässt sich bei vielen Fonds und ETFs dieses sogenannte Timing-Problem, also das Problem, den richtigen Einstiegszeitpunkt zu wählen, elegant umgehen: mit einem Sparplan.

Kauf in Raten ermöglicht günstige Einstiegskurse

Bei einem Sparplan kaufen Sie Ihre Fonds- oder ETF-Anteile nicht auf einmal, sondern nach und nach in gleichbleibenden Raten. Angenommen, Sie wollen 4000 Euro investieren und als Notfallreserve 1000 Euro auf dem Tagesgeldkonto belassen: Dann lassen Sie sich doch einfach ein Jahr Zeit dafür und kaufen Sie Fonds- oder ETF-Anteile für monatlich 333 Euro. Sie können sich auch zwei Jahre Zeit nehmen und 24 Vierteljahresraten à 167 Euro via Sparplan investieren. Was soll das Ganze bringen? Die Antwort ist einfach: Sie profitieren auf diese Weise vom sogenannten Durchschnittskosteneffekt (Cost Average Effect). Konkret bedeutet das: Im Durchschnitt erhalten Sie über alle Raten einen vergleichsweise günstigen Einstiegspreis.

Das Ganze müssen Sie sich vorstellen wie beim Tanken. Angenommen, Sie tanken immer für den gleichen Betrag, zum Beispiel genau

30 Euro. Ist der Sprit gerade günstig, dann können Sie sich von diesen 30 Euro mehr Liter in Ihren Tank füllen als zu Zeiten, da die Benzinpreise in die Höhe geklettert sind. Der ganze Trick besteht darin, dass Sie den Betrag exakt vorgeben, zu dem getankt wird.

Bei Sparplänen »tanken« Sie Fonds- oder ETF-Anteile für jeweils die gleiche Sparrate. Und auch hier gilt: Ist der Kurs der Fondsanteile gerade weit oben, dann werden eben wenige gekauft. Ist er dagegen aktuell niedrig, dann können Sie sich für Ihre festgelegte Sparrate entsprechend mehr kaufen.

Hier ein Musterbeispiel für Sie:

Aktueller Preis je Fondsanteil in Euro	Monatliche Sparrate in Euro	Fondsanteile je Rate	Anteile gesamt	Gesamteinzahlungen in Euro	Gesamtwert in Euro
100	100	1	1	100	100
66	100	1,5	2,5	200	165
80	100	1,25	3,75	300	300
50	100	2	5,75	400	287,50
66	100	1,5	7,25	500	478,50
80	100	1,25	8,5	600	680

Tabelle 8.1: Wie sich der Durchschnittskosteneffekt auswirkt

Sechs Monate lang zahlen Sie jeden Monat 100 Euro in einen Fonds-Sparplan ein. Am Ende haben Sie 600 Euro eingezahlt und besitzen Fondsanteile im Wert von 680 Euro.

Wir betrachten in diesem Rechenbeispiel einen Sparzeitraum von sechs Monaten. In dieser Zeitspanne schwanken die Kurse je Fondsanteil zwischen 50 und 100 Euro. In einer solch schwankungsstarken Phase wäre es pures Glück, wenn Sie mit einer einzigen großen Investition den Tiefstkurs erwischen würden. Das wäre »Zockerei«. Mit den monatlichen Sparraten umgehen Sie dagegen das Timing-Problem. Anhand der Zahlen in den beiden rechten Spalten erkennen Sie, dass der Cost Average Effect keine Gewinngarantie bietet (in einigen Monaten liegt Ihr Depotwert unter der eingezahlten Summe). Doch nach einiger Zeit erreichen Sie fast zwangsläufig die Gewinnzone, weil Sie in schlechten Börsenphasen viele Anteile erworben haben und in teuren Börsenzeiten nur wenige. In diesem Beispiel haben Sie nach sechs Monaten 600 Euro investiert und besitzen Fondsanteile im Wert von 680 Euro. Das ist bereits ein zweistelliger Gewinn.

Der Faktor Zeit ist an der Börse Ihr größter Freund

Ein Sparplan mit einer Monatsrate von 100 Euro klingt für einige Leser vielleicht etwas langweilig. Das hört sich nach »Kleckerbeträgen« an. Doch unterschätzen Sie dabei den Faktor Zeit nicht! Selbst kleine Beträge werden langfristig – mit der passenden Aktienfonds-Rendite – zu einem ansehnlichen Vermögen. Wir haben für Sie eine Modellrechnung mit verschiedenen Anlagezeiträumen und Renditen erstellt.

Jahre	6 Prozent Rendite	8 Prozent Rendite	10 Prozent Rendite
5	6984 Euro	7345 Euro	7717 Euro
10	16 331 Euro	18 137 Euro	20 146 Euro
15	28 838 Euro	33 994 Euro	40 162 Euro
20	45 577 Euro	57 294 Euro	72 399 Euro
25	67 958 Euro	91 484 Euro	124 315 Euro
30	97 953 Euro	141 831 Euro	211 529 Euro

Tabelle 8.2: Diese Beträge können mit einer monatlichen Einzahlung von nur 100 Euro in einem Sparplan erzielt werden.

Wer fünf Jahre lang 100 Euro pro Monat in einen Aktien-Sparplan einzahlt und dabei eine Rendite von 8 Prozent pro Jahr erreicht (das ist die historische Durchschnittsrendite der meisten großen Aktienmärkte), kommt am Ende auf 7345 Euro, von denen er 6000 Euro selbst eingezahlt hat. Wer das 30 Jahre bis zur Rente durchhält, kann sich über ein »Ruhestandsgeld« von über 140 000 Euro freuen, von denen er lediglich 36 000 Euro selbst eingezahlt hat. Auch kleine Summen ergeben ein ansehnliches Vermögen, wenn die Zeit für den Sparer arbeitet.

Wie Sie sehen: Sparpläne sind lukrativ. Einzige Voraussetzung für die Einrichtung eines Sparplans: Der Fonds oder ETF, in den Sie investieren, muss sparplanfähig sein.

Sparplanfähigkeit – was ist das?

Ob ein Fonds oder ETF sparplanfähig ist, das können Sie dem Fondsprospekt oder seiner Kurzfassung, dem Fact Sheet (»Faktenblatt«) entnehmen. Sparplanfähig ist ein Fonds oder ETF dann, wenn die Fondsgesellschaft auch den Kauf von Bruchteilen eines Anteils erlaubt. Wenn Sie Ihre Sparrate (zum Beispiel 200 Euro) durch den Fondsanteilskurs teilen, dann erhalten Sie in den seltensten Fällen eine glatte Zahl. Fast immer werden Sie auf Nachkommastellen kommen. Es ist aber Sache der Fondsgesellschaft zu entscheiden, ob Sie beispielsweise 0,7 oder 1,3 Fondsanteile auch wirklich kaufen können. Oft ist es auch die Depotbank, die über die Sparplanfähigkeit entscheidet und den Kauf in Raten bei Fonds ermöglicht, die ursprünglich von der Fondsgesellschaft nicht für Sparpläne vorgesehen waren.

So richten Sie sich einen Sparplan ein

Um einen Fondssparplan einzurichten, brauchen Sie zunächst eines: ein Wertpapierdepot. Das lässt sich ganz einfach bei einer Depotbank, auf Neudeutsch auch Broker genannt, einrichten. Idealerweise wählen Sie eine Direktbank, dann können Sie Ihre Fonds- bzw. ETF-Käufe online durchführen und brauchen dazu nur einen Internetanschluss. Ob Consorsbank (www.consorsbank.de), comdirect (www.comdirect.de), ING Diba (www.ing-diba.de), 1822direkt (www.1822direkt.de), S-Broker (www.sbroker.de), Flatex (www.flatex.de), DKB (www.dkb.de), maxblue (www.maxblue.de) oder Onvista-Bank (www.onivsta-bank.de): Sie alle bieten kostenfreie oder kostengünstige Depots an und alle ermöglichen außerdem die Einrichtung eines Fonds- oder ETF-Sparplans.

Depoteröffnung leicht gemacht

Eine Anleitung zur Eröffnung Ihres Depots finden Sie auf der Internetseite des jeweiligen Brokers. Die dazu nötigen Unterlagen erhalten Sie, sobald Sie sich einem dieser Broker als Interessent per Telefon oder via Internet zu erkennen geben. Sie bekommen dann die Eröffnungsunterlagen zugeschickt. In der Regel ist ein Gang zur nächsten Postfiliale nötig, um sich via Postident-Verfahren mit Personalausweis und Unterschrift gegenüber der Depotbank zu legitimieren. Dann bekommen Sie von der betreffenden Bank die Zugangsdaten für Ihr Online-Depot per Post zugeschickt. Zum Depot gehört auch stets ein sogenanntes Verrechnungskonto, über das Wertpapierkäufe und -verkäufe abgewickelt werden, und auf dem beispielsweise laufend anfallende Zinsen, Dividenden oder Fondsausschüttungen gutgeschrieben werden.

Ein Wort zur Einlagensicherung bei Depotbanken

Auch bei Depotbanken stellt sich die Frage nach der Einlagensicherung. Hierzu müssen Sie wissen: Das Depot mit all den Wertpapieren, die Sie gekauft haben, unterliegt selbst nicht der Einlagensicherung. Das ist aber auch gar nicht nötig. Denn die Wertpapiere sind von Anfang an Ihr Eigentum, die Depotbank fungiert lediglich als Treuhänder. Bei einer Bankeninsolvenz haben Sie einen Anspruch auf Herausgabe dieser Wertpapiere – kein Gläubiger der Depotbank hat darauf Zugriff und die Depotbank kann damit ihre Schulden folglich nicht begleichen. Daher stellt sich die Frage nach der Einlagensicherung nur beim Verrechnungskonto, das zum Depot gehört.

Nach Wertpapierverkäufen können dort durchaus größere Summen geparkt beziehungsweise zwischengelagert sein. Auch wenn die Ausschüttungen mehrerer Jahre zusammenkommen, ergibt sich auf dem Verrechnungskonto mitunter eine erkleckliche Summe. Aus diesem Grund sollten Sie auch bei der Wahl der Depotbank möglichst ein Institut nehmen, das der deutschen, niederländischen oder französischen Einlagensicherung angehört. Das schließt Anbieter wie zum Beispiel Lynx Broker und Interactive Brokers aus, zwei Depotbanken, die dem britischen Einlagensicherungssystem angehören. Alle im vorigen Abschnitt genannten Depotbanken erfüllen dagegen die Mindestanforderungen an eine verlässliche Einlagensicherung und sind daher aus unserer Sicht empfehlenswert. Bei Flatex reicht die Absicherung allerdings nur bis zu den gesetzlich vorgeschriebenen 100 000 Euro – das müssen Sie wissen, falls Sie irgendwann größere Beträge anlegen.

Jetzt wird's konkret: So »basteln« Sie sich Ihren Sparplan

Gleichgültig, bei welchen Broker Sie Ihr Depot führen: Die Möglichkeit, einen Sparplan einzurichten, haben Sie fast überall. Nur haben nicht alle Broker alle Fonds und ETFs im Angebot. Sie müssen sich also nach dem richten, was bei Ihrer jeweiligen Depotbank verfügbar ist.

Wenn Sie sich auf der Internetseite Ihres Brokers eingeloggt haben, dann finden Sie dort meistens eine Schaltfläche »Fondssparplan«, »ETF-Sparplan«, »Sparplan einrichten« oder Ähnliches. Mit einem Klick darauf öffnet sich ein Eingabeformular, in das Sie alle dafür nötigen Daten eintragen:

➤ die **Wertpapierkennnummer (WKN)** oder **International Securities Identification Number (ISIN)** des Fonds oder ETFs, den Sie via Sparplan besparen möchten. WKN oder ISIN sind Zahlen-Buchstaben-Kombinationen, mit denen ein Wertpapier eindeutig und unverwechselbar gekennzeichnet ist. Bei den oben vorgestellten ETFs und Fonds haben Sie die WKN und ISIN jeweils erhalten.

➤ die **Sparrate**, die Sie regelmäßig investieren möchten. Wählen Sie diese nicht zu klein, denn die meisten Broker verlangen für jeden Kauf fixe Gebühren von beispielsweise 2,50 Euro. Bei einer Rate von 25 Euro wäre das gleich zu Beginn ein Minus von 10 Prozent. Wenn Sie dagegen gleich 100 Euro sparen, dann verringert sich dieses gebührenbedingte Minus auf 2,5 Prozent – das ist schon eher akzeptabel.

➤ das **Zeitintervall**, in dem Sie die jeweilige Sparrate investieren möchten. Hier sind Sie keinesfalls auf eine monatliche Sparweise festgelegt. Sie können auch viertel- oder halbjährlich sparen. Wir empfehlen ein monatliches oder vierteljährliches Intervall.

➤ das **Referenzkonto**, von dem die Sparrate zwecks Fonds- oder ETF-Kauf abgebucht werden soll. Normalerweise werden Wertpapierkäufe stets vom Verrechnungskonto aus getätigt, das zu Ihrem Depot gehört. Voraussetzung dafür ist natürlich, dass darauf genug Geld liegt, sodass es für das gewünschte Wertpapier in der gewünschten Stückzahl reicht. Bei einem Fondssparplan wäre das allerdings unpraktisch. Denn Sie müssten ja jedes Mal, bevor die nächste Rate investiert werden soll, Geld aufs Verrechnungskonto überweisen. Damit Ihnen dieses umständliche Vorgehen erspart bleibt, können Sie ganz einfach ein Konto angeben, von dem Ihre Sparrate abgebucht werden soll. Das wird in der Regel ein Girokonto sein, aber auch manche Tagesgeldkonten bieten die Möglichkeit einer Abbuchung. Hier geben Sie also die betreffende IBAN, und falls danach gefragt wird, auch die BIC des betreffenden Kontos ein.

Ihr Vorteil: wenig Aufwand und enorme Flexibilität

Ist ein Fonds- oder ETF-Sparplan erst eingerichtet, läuft er von selbst. Sie brauchen sich um nichts mehr zu kümmern: Die Depotbank bucht die Sparrate vom angegebenen Referenzkonto ab und kauft dafür Fonds- oder ETF-Anteile zum aktuellen Kurs. Sie sollten lediglich überwachen, dass auf besagtem Referenzkonto genügend Geld liegt. Falls Sie Ihr Girokonto als Referenzkonto angegeben haben, dann holen Sie sich von Zeit zu Zeit das entsprechende Geld vom Tagesgeldkonto zurück. Schließlich wollen Sie zunächst lediglich 5000 Euro anlegen und nicht mehr.

Das Schöne an einem Sparplan ist: Ihre Eingaben sind nicht in Stein gemeißelt. Sie können jederzeit ändern oder rückgängig machen, was Sie einst eingegeben haben. Angenommen, Sie wollen lieber in einen EuroStoxx-50-ETF investieren als in einen DAX-ETF – dann ändern Sie das Wertpapier und geben die WKN oder ISIN Ihres neuen ETF-Favoriten ein. Auch Sparrate und Sparintervall lassen sich problemlos anpassen. Wenn Sie also beispielsweise 200 statt 100 Euro investieren wollen – kein Problem! Wenn Sie monatlich statt vierteljährlich sparen möchten –auch kein Problem!

Und schließlich können Sie einen Sparplan auch ganz aussetzen, wenn Sie in akute Finanznöte geraten sollten. Anders etwa als bei einem Banksparplan oder einer Kapitallebensversicherung sind Sie nicht verpflichtet, über eine bestimmte Laufzeit hinweg die einmal festgelegten Sparraten regelmäßig einzuzahlen. Selbst ein Verkauf der bereits gekauften Fondsanteile ist jederzeit möglich – ganz oder auch teilweise.

Aber aufgepasst: Wir empfehlen Ihnen die Aussetzung der Sparraten und den Verkauf von Fondsanteilen wirklich nur im Notfall. Denn Sie wissen ja: Eines der wichtigsten Erfolgsrezepte für eine rentable Geldanlage an der Börse ist die Zeit. Nur bei genügend Zeit kann sich die Wirkung des Zinseszinseffektes entfalten. Wer sich zu wenig Zeit nimmt, der riskiert zudem Verluste oder doch mindestens Rendite-einbußen. Unsere Empfehlung lautet daher: Lassen Sie einen bereits eingerichteten Sparplan erst einmal laufen, und ändern Sie nichts an der Sparrate und dem Sparintervall. Dann profitieren Sie langfristig vom Durchschnittskosteneffekt und vom Anstieg der Kurse, der sich bei allen Schwankungen erfahrungsgemäß an den Börsen langfristig vollzieht.

Kapitel 9 –
Zuschüsse und Fördermittel: Wie sich
Ihre 5000 Euro zusätzlich aufstocken
lassen

Sie selbst mögen lediglich 5000 Euro für die Geldanlage erübrigen können – das heißt aber noch lange nicht, dass es bei diesen 5000 Euro bleiben muss. Haben Sie schon mal darüber nachgedacht, wo Sie vielleicht noch zusätzliches Geld für den langfristigen Vermögensaufbau herbekommen? Im Zusammenhang mit Fondssparplänen sind vor allem zwei Möglichkeiten interessant: Vermögenswirksame Leistungen und die Arbeitnehmer-Sparzulage. Dank dieser Möglichkeiten können Sie Ihre jährliche Rendite problemlos um rund 10 Prozent steigern. Denn Sie bekommen insgesamt bis zu 560 Euro pro Jahr geschenkt, wenn Sie sich nur die Mühe machen, alles in die Wege zu leiten.

Vermögenswirksame Leistungen: Pro Jahr bis zu 480 Euro vom Arbeitgeber geschenkt

Auf Vermögenswirksame Leistungen (abgekürzt VL) haben Sie womöglich Anspruch, wenn Sie Arbeitnehmer, Auszubildender, Beamter oder auch Soldat sind. Vielleicht hat sich Ihr Arbeitgeber oder Dienstherr per Tarifvertrag, Betriebsvereinbarung oder auch in Ihrem individuellen Arbeitsvertrag verpflichtet, einen VL-Beitrag zu Ihrem Vermögensaufbau zu leisten. Zwischen 14 und 40 Euro pro Monat können das sein, insgesamt also mindestens 168 Euro und maximal 480 Euro pro Jahr. Ob Sie einen Anspruch haben, erfahren

Sie ganz einfach durch Nachfrage in der Personalabteilung oder beim Betriebs- beziehungsweise Personalrat.

Dieses Geldgeschenk ist für Sie nur an zwei Auflagen gebunden, die sich leicht erfüllen lassen. Erstens: Es muss in einen Sparvertrag eingezahlt werden, den der Arbeitgeber für Sie abschließt. Zweitens: In diesen Sparplan müssen sechs Jahre lang monatliche Raten eingezahlt werden. Ein weiteres Jahr müssen Sie warten, bis Sie über das Geld verfügen können. Insgesamt ist das eingezahlte Geld somit für sieben Jahre gebunden, ohne dass Sie darauf zugreifen können. Übrigens können Sie schon im siebten Jahr, dem Wartejahr, einen neuen VL-Sparplan abschließen und somit nahtlos weitersparen. Dann entgeht Ihnen auch der geschenkte Zuschuss vom Arbeitgeber nicht.

Zur Auswahl stehen Banksparpläne, Bausparverträge und Aktienfonds-Sparpläne. Theoretisch könnten Sie das VL-Geld vom Arbeitgeber auch benutzen, um einen laufenden Baukredit zu tilgen. Da es in diesem Buch aber um Geldanlage und Vermögensaufbau geht, legen wir Ihnen einen Aktienfonds-Sparplan als langfristig rentabelste Geldanlage besonders ans Herz. Denn Banksparpläne und Bausparverträge werfen nur sehr geringe Zinsen ab und sind daher denkbar unattraktiv. Sie müssen sich nicht zwangsläufig für einen Sparplan auf einen aktiv gemanagten Aktienfonds entscheiden. Es darf auch ein kostengünstiger ETF-Sparplan sein. Empfehlungen hierzu finden Sie am Schluss dieses Kapitels.

Ob ein Fonds (respektive ein ETF) überhaupt VL-fähig ist, entnehmen Sie dem Fondsprospekt oder Factsheet. Dafür muss er die Bedingungen des »Fünften Gesetzes zur Förderung der Vermögensbildung der Arbeitnehmer« erfüllen. Das hört sich kompliziert an, ist es aber nicht. Am günstigsten fahren Sie, wenn Sie zur Eröffnung Ihres VL-Depots über einen sogenannten Fondsvermittler gehen.

Fondsvermittler nutzen!

Selbst wenn Sie schon ein Depot bei einem bestimmten Broker haben – für Fondssparpläne und ganz besonders für VL-Fondssparpläne lohnt sich mitunter die Eröffnung eines neuen Depots über den Umweg eines sogenannten Fondsvermittlers. Das sind spezielle Online-Unternehmen, die mit diversen Fondsgesellschaften und auf Fonds spezialisierten Depotbanken Vereinbarungen über Nachlässe bei Transaktionskosten und Fondsgebühren getroffen haben. Auf diese Weise können Sie die vermögenswirksamen Leistungen vom Arbeitgeber vergleichsweise günstig anlegen oder bekommen sogar ETFs als VL-Sparplan, die von der Fondgesellschaft selbst gar nicht als VL-fähig eingestuft wurden. So sparen Sie Geld und haben eine große Auswahl an Fonds. Wenn Sie auf einen aktiv gemanagten Fonds setzen möchten, verzichten Fondsgesellschaften, die mit solchen Fondsgesellschaften kooperieren, zudem häufig teilweise oder ganz auf den Ausgabeaufschlag, also die Kaufgebühr. Diese kann ansonsten bis zu 5,5 Prozent der investierten Summe betragen. Bei ETFs besteht der Vorteil weniger in der Ersparnis als vielmehr darin, dass Sie auch nicht VL-fähige ETFs als VL-Sparplan anlegen können. Hier eine Auswahl solcher Fondsvermittler (und der Link zu den Infos über vermögenswirksame Leistungen):

➤   AVL Investmentfonds (www.avl-investmentfonds.de)

➤   FondsDISCOUNT (www.fondsdiscount.de)

➤   FondsClever (www.fondsclever.de)

➤ Fondsvermittlung24 (www.fondsvermittlung24.de)

➤ finvesto (www.finvesto.de)

➤ 4free.de (https://4free.de)

➤ Fondssupermarkt (http://www.fonds-super-markt.de)

Über die Internetseite solcher Fondsvermittler können Sie sich unter einer kleinen Auswahl spezialisierter Depotbanken ihren Favoriten aussuchen und dort ein spezielles Fondsdepot eröffnen. Diese Depotbanken sind ohne Vermittler meist gar nicht zugänglich, dazu gehören etwa ebase (European Bank for Financial Services GmbH, gehört zur Comdirect Gruppe), DWS (gehört zur Fondsgesellschaft der Deutschen Bank), FFB (gehört zur Fondsgesellschaft Fidelity) oder die Fondsdepot Bank.

Direkt nach Eröffnung Ihres VL-Depots und der Einrichtung des VL-Sparplans erhalten Sie vom Anbieter eine Bescheinigung, die Sie Ihrem Arbeitgeber vorlegen. Der zahlt dann die Vermögenswirksamen Leistungen direkt dort ein. Sie sollten nur wissen: Da diese Einzahlungen nicht von Steuern und Sozialversicherungen befreit sind, wird der Arbeitnehmeranteil dieser Steuern und Sozialversicherungsbeiträge von Ihrem Gehalt abgezogen. Das heißt, Ihr Nettogehalt verringert sich um einen einstelligen Eurobetrag. Das lässt sich aber gut verschmerzen. Ebenfalls ist die kostenfreie Depotführung für VL-Sparpläne die Ausnahme und nicht die Regel. Von Ihren 480 Euro müssen Sie also meistens rund 10 bis 15 Euro pro Jahr dafür berappen. Einzelne Depotbanken verlangen auch eine Einmalgebühr von 84 Euro. Das ist zwar ärgerlich, aber trotzdem erschwinglich.

Übrigens ist es durchaus ratsam, den Sparplan, den Sie aus eigenen Mitteln bestreiten, von dem Sparplan zu trennen, den Ihr Arbeitgeber als Vermögenswirksame Leistung für Sie abschließt. Denn bei ersterem sind Sie flexibler: Sie müssen keine sieben Jahre warten, bis Sie wieder über Ihr Geld verfügen können, sondern können im Notfall auch früher darauf zugreifen. Und Sie können Sparraten, Sparintervall und den besparten Fonds jederzeit ändern. Das geht bei VL-Sparplänen nicht. Außerdem haben Sie ohne die VL-Vorgaben auch die Möglichkeit, auf Fonds zu setzen, die keine VL-Zulassung haben – und hier ist die Auswahl einfach größer.

Falls Ihr Arbeitgeber weniger als 40 Euro zahlt, können Sie die Einzahlungen aus eigener Tasche auf diesen Maximalbeitrag von 40 Euro pro Monat aufstocken. Warum sollten Sie das tun? Ganz einfach: Weil es dann bis zu bestimmten Einkommensgrenzen noch zusätzliches Geld vom Staat gibt. Wenn Sie also Anspruch auf diese sogenannte Arbeitnehmersparzulage haben, dann lohnt sich die Aufstockung auf volle 40 Euro pro Monat. Dazu gleich mehr im nächsten Abschnitt.

Arbeitnehmersparzulage: Pro Jahr bis zu 80 Euro zusätzlich vom Staat

Ihr zu versteuerndes Einkommen liegt brutto bei nicht mehr als 20 000 Euro pro Jahr? Oder als steuerlich zusammen veranlagtes Ehepaar müssen Sie nicht mehr als 40 000 Euro versteuern? Dann können Sie zusätzlich zu den Vermögenswirksamen Leistungen vom Arbeitgeber auch noch eine Förderung vom Staat beantragen. Diese nennt sich »Arbeitnehmersparzulage« und beläuft sich auf 20 Prozent der VL-Summe und maximal 80 Euro pro Jahr. Lachen Sie jetzt nicht über diesen vermeintlichen Mini-Betrag. Denn die Arbeitnehmersparzulage zu beantragen, ist kinderleicht – und dafür jedes Jahr die Belohnung von bis zu 80 Euro einzustreichen, rentiert sich allemal. Übrigens ist es dem Finanzamt egal, ob die gesamte Einzahlung von 40 Euro pro Monat vom Arbeitgeber stammt oder nur ein Teil davon. Wenn Sie den Rest aus eigener Tasche bestreiten, dann erhalten Sie gleichwohl besagte 20 Prozent staatlicher Förderung – bis zur Höchstgrenze von 80 Euro.

Und so geht's: Auf dem Mantelbogen Ihrer Einkommensteuererklärung finden Sie ganz oben die Option »Antrag auf Festsetzung der Arbeitnehmer-Sparzulage«. Diese Option kreuzen Sie an. Mit der Steuererklärung schicken Sie dann einfach die Bescheinigung (»Anlage VL«) mit, die Sie jährlich vom VL-Fondsanbieter erhalten. Auf diese Weise überweist das Finanzamt die staatliche Förderung direkt an das Anlageinstitut. Voraussetzung ist aber, dass das vom Arbeitgeber oder von Ihnen selbst eingezahlte Geld auch wirklich mindestens sieben Jahre (sechs Einzahlungsjahre und ein Wartejahr) angelegt bleibt.

Wichtig: Es zählt das zu versteuernde Einkommen

Verwechseln Sie das zu versteuernde Einkommen nicht mit dem Bruttoeinkommen. Letzteres ist deutlich höher, weil das Finanzamt noch diverse Werbungskosten, Sonderausgaben, außergewöhnliche Belastungen und Kinderfreibeträge berücksichtigt, die allesamt das zu versteuernde Einkommen senken. Im Klartext heißt das: Einen Anspruch auf Arbeitnehmersparzulage haben häufig auch Menschen, die brutto deutlich mehr als 20 000 Euro (40 000 Euro bei Ehepaaren) verdienen. Probieren Sie die Beantragung also ruhig aus, auch wenn Ihre Lohnabrechnung 30 000, 35 000 oder gar 40 000 Euro ausweist.

Unsere VL-Favoriten: ETF-Sparpläne auf DAX oder EuroStoxx

Bei VL-Sparplänen sollten Sie es sich leicht machen. Am besten wählen Sie dafür einen Fonds, bei dem eine Schließung unwahrscheinlich ist und bei dem Sie keine bösen Überraschungen erwartet, etwa durch einen Wechsel im Fondsmanagement. Zudem sollten Wechselkursschwankungen – etwa zum Schweizer Franken oder zum US-Dollar – ausgeschlossen sein. Denn immerhin sind Sie sieben Jahre lang an Ihren VL-Vertrag gebunden, und in sieben Jahren kann viel passieren.

Deshalb zählen ausschließlich ETFs und keine aktiv gemanagten Investmentfonds zu unseren Favoriten in der Kategorie »Vermögenswirksame Leistungen«. Empfehlenswert sind aus unserer Sicht vor allem ETFs auf den DAX oder den EuroStoxx 50. Diese sind für den jeweiligen Index austauschbar, das heißt, wenn Ihr bevorzugter Fondsvermittler etwa den ComStage DAX-ETF nicht im Rahmen eines VL-Sparplans anbietet, dann schauen Sie eben, ob Sie stattdessen den von iShares bekommen. Gleiches gilt auch für den EuroStoxx 50, falls Sie lieber international, sprich in der gesamten Euro-Zone, investieren möchten.

Name	WKN ISIN	Gesamt-kosten-quote TER p. a.	Anbieter (Beispiele)
ComStage DAX UCITS ETF I	ETF001 LU0378438732	0,08 %	FondsDISCOUNT, FondsClever, AVL-Investmentfonds, finvesto
db x-trackers DAX UCITS ETF (DR) 1C	DBX1DA LU0274211480	0,09 %	FondsDISCOUNT, FondsClever, AVL-Investmentfonds, finvesto

Name	WKN ISIN	Gesamt-kosten-quote TER p. a.	Anbieter (Beispiele)
iShares Core DAX UCITS ETF	593393 DE0005933931	0,16 %	FondsDISCOUNT, FondsClever, AVL-Investmentfonds, finvesto
ComStage EuroStoxx 50 UCITS ETF	ETF053 LU0392496930	0,35 %	FondsDISCOUNT, FondsClever, AVL-Investmentfonds
db x-trackers EuroStoxx 50 UCITS ETF	DBX1EU LU0274211217	0,09 %	FondsDISCOUNT, FondsClever, AVL-Investmentfonds, finvesto
iShares EuroStoxx 50	593395 DE0005933956	0,16 %	FondsDISCOUNT, FondsClever, AVL-Investmentfonds, finvesto

KAPITEL 10 –
ZUM ABSCHLUSS: SIEBEN SPARTIPPS FÜR MEHR RENDITE

Jetzt wissen Sie, wie Sie Ihre Geldanlage zusammenbauen: Aus Tagesgeld, Aktien-ETFs und – wenn Ihnen an einer defensiveren Geldanlage gelegen ist – Mischfonds. Dabei sollten Sie die großen Kostenfresser vermeiden, von denen es vor allem zwei gibt: Bank- bzw. Börsengebühren und Steuern. Die folgenden Tipps helfen Ihnen dabei, die Kosten zu minimieren – und das heißt automatisch, Ihre Rendite zu maximieren.

Tipp 1: Tätigen Sie Fondskäufe möglichst über eine Börse

ETFs können Sie in der Regel nur über eine Wertpapierbörse kaufen, bei aktiv gemanagten Fonds dagegen finden Sie in Ihrer Ordermaske meistens die Voreinstellung »KAG« (Kapitalanlagegesellschaft = Fondsgesellschaft). Wenn Sie an dieser Voreinstellung nichts ändern, dann bestellt die Depotbank Ihre Fondsanteile bei der Fondsgesellschaft, und die erhebt dann für den Fondskauf den sogenannten Ausgabeaufschlag als Kaufgebühr. Dieser Ausgabeaufschlag kann bei aktiv gemanagten Aktienfonds bis zu 5 Prozent der investierten Summe ausmachen, manchmal sogar 5,5 Prozent, von 100 Euro also gleich mal 5,00 oder 5,50 Euro. Das muss nicht sein: Wenn möglich, kaufen Sie den gewünschten Fonds stets an einer Börse (zum Beispiel Frankfurt, München, Stuttgart, Düsseldorf, Hamburg, Berlin oder die Privatanlegerbörse Tradegate). Bei Einmalkäufen (empfehlenswert ab einer Investitionssumme von 1000 Euro) haben Sie in aller Regel diese Möglichkeit. Bei Sparplänen besteht diese Option aber in der Regel nicht. Deshalb gilt beim Fondskauf via Sparplan der Tipp Nummer 2.

Tipp 2: Eröffnen Sie Ihre Sparpläne über spezialisierte Fondsvermittler

Was Fondsvermittler sind, haben Sie in Kapitel 9 über Vermögens-wirksame Leistungen und die Arbeitnehmersparzulage vielleicht schon gelesen. Sie sollten aber wissen: Nicht nur für solche vom Ar-beitgeber und/oder Staat bezuschussten Sparpläne sind Fondsvermitt-ler eine empfehlenswerte Sache, sondern auch für Ihre ganz normalen Fonds- und ETF-Sparpläne. Denn:

➤ Fondsvermittler ersparen Ihnen bei aktiv gemanagten Fonds häu-fig den Ausgabeaufschlag oder bieten ihre Leistungen zumindest mit Rabatt an. Das gilt auch, wenn – wie bei Sparplänen üb-lich – der Kauf über eine Wertpapierbörse nicht möglich ist. Oft erhalten Sie wenigstens einen 50-Prozent-Rabatt.

➤ Auch wenn ein Fonds im Fact Sheet als nicht sparplanfähig aus-gewiesen ist, so macht es doch mancher Fondsvermittler mög-lich. Dafür nimmt er den bruchteilweisen Anteilskauf auf seine eigene Kappe und ermöglicht Ihnen auf diese Weise, vom Durch-schnittskosteneffekt zu profitieren.

Beispiele für Fondsvermittler

➤ AVL Investmentfonds (www.avl-investmentfonds.de/VL-Fondssparplan)

➤ FondsDISCOUNT (www.fondsdiscount.de)

➤ FondsClever (www.fondsclever.de)

Weitere finden Sie in Kapitel 9. Sie gehen auf die Internetseite des jeweiligen Fondsvermittlers und suchen sich dort eine Depotbank aus. Über den Fondsvermittler eröffnen Sie dann dort ein Depot (dazu erhalten Sie eine genaue Anleitung). Und schon können Sie sich bequem Ihren Sparplan einrichten. Oder auch mehrere, wenn Sie beispielsweise in einen Aktien-ETF und in einen Mischfonds investieren möchten.

Tipp 3: Kaufen Sie US-Fonds und -ETFs in Deutschland zu den Öffnungszeiten der NYSE

Die größte und wichtigste Wertpapierbörse in den USA heißt New York Stock Exchange, abgekürzt NYSE. Auch wenn Sie Ihre Fonds und ETFs wegen der höheren Transaktionskosten bei Orders an einer Auslandsbörse üblicherweise nicht dort kaufen, sondern an einer deutschen Börse: Die Öffnungszeiten der NYSE sollten Sie trotzdem im Auge haben. Von 9:30 bis 16:00 Uhr Eastern Standard Time, also 15:30 bis 22:00 Uhr Mitteleuropäischer Zeit ist die NYSE geöffnet. Wenn Sie Fonds oder ETFs mit US-Werten kaufen, dann tun Sie das idealerweise innerhalb dieses Zeitraums. Der Grund: Die NYSE ist die sogenannte Referenzbörse für US-amerikanische Aktien und ETFs. Es handelt sich dabei um die liquideste Börse, an der die höchste Zahl der betreffenden Wertpapiere gehandelt wird. Folglich findet an der NYSE fortlaufend eine sehr marktnahe Preisstellung statt, an der sich auch die deutschen Börsen orientieren können. Außerhalb der NYSE-Öffnungszeiten dagegen fehlt den hiesigen Börsen beziehungsweise Börsenmaklern diese Orientierung. Folglich kalkulieren sie in ihre Preisstellung einen Sicherheitspuffer ein. Der macht sich bemerkbar durch einen höheren Spread, also einen größeren Abstand zwischen Geld- und Briefkurs, sprich zwischen dem

Kurs, zu dem Sie ein Wertpapier verkaufen können, und dem Kurs, zu dem Sie es erwerben können. Mit anderen Worten: Ein Kauf während der NYSE-Öffnungszeiten sichert Ihnen günstigere Kurse als ein Kauf außerhalb. Den Kaufzeitpunkt können Sie natürlich nur dann auf die Stunde genau bestimmen, wenn Sie nicht via Sparplan, sondern via Einmal-Order investieren.

Tipp 4: So sparen Sie steuerfrei für Ihre Kinder oder Enkel

Eine ganze Reihe von Depotbanken und diverse Fondsvermittler bieten außerdem Kinder-Depots an. Zustimmen müssen hier nur beide Erziehungsberechtigten. Dann wird auf Antrag ein Depot für ein minderjähriges Kind eingerichtet, das Sie via Sparplan besparen können. Manchmal heißt dieses Kinder-Depot auch JuniorDepot, Direkt-Depot Junior oder Minderjährigen-Depot.

Nach der Eröffnung können Sie für Ihre Kinder, Enkel, Neffen und Nichten beispielsweise einen Fonds- oder ETF-Sparplan einrichten. Unbedingt lohnt sich zudem die Beantragung einer sogenannten Nichtveranlagungs-Bescheinigung (NV-Bescheinigung) beim Finanzamt. Da Kinder üblicherweise noch keine Steuern zahlen, weil sie unter dem Grundfreibetrag, also dem steuerfreien Existenzminimum, liegen, müssen sie auch keine Kapitalertragssteuer (Abgeltungssteuer) an den Fiskus entrichten. Indem Sie eine NV-Bescheinigung für das Kind beantragen, akzeptiert auch die Bank die Steuerfreiheit. Das heißt: Sie führt gar nicht erst Abgeltungssteuern auf angefallene Depotgewinne ab.

Eine einmal beantragte NV-Bescheinigung gilt drei Jahre lang. Falls das Einkommen des betreffenden Kindes aber über den Grundfreibetrag hinaus ansteigen und das Kind damit voraussichtlich steuerpflichtig werden sollte, müssen Sie das dem Finanzamt melden. 2017 liegt der Grundfreibetrag bei 8820 Euro, 2018 bei genau 9000 Euro. Dazu dürfen Sie noch den Sparerpauschbetrag von 801 Euro pro Person zählen, sodass in Summe 2017 die Einkünfte nicht mehr als 9621 Euro und 2018 nicht mehr als 9801 Euro betragen dürfen.

So beantragen Sie die NV-Bescheinigung

➤ Gehen Sie im Internet auf die Seite www.formulare-bfinv.de

➤ Klicken Sie auf »Steuern«, dann auf »Nichtveranlagungs-Bescheinigung«.

➤ Gleich das oberste Formular »Nichtveranlagungs-Bescheinigung für natürliche Personen NV A1« ist das richtige. Unterschreiben müssen es die Erziehungsberechtigten.

➤ Zudem müssen Sie nachweisen, dass die Kinder über das betreffende Depot und Konto auch verfügen können. Dazu erhalten Sie eine entsprechende Bescheinigung der Bank, die Sie Ihrem Antrag beilegen.

Sobald das Finanzamt besagte NV-Bescheinigung ausgestellt hat, schicken Sie diese an die Depotbank. Diese führt dann keine Kapitalertragssteuer ans Finanzamt ab – alle Depotgewinne bleiben steuerfrei. Nach drei Jahren stellen Sie einen neuen Antrag, sofern die Voraussetzungen für Steuerfreiheit noch gegeben sind.

Wichtig: Verfügen Sie nicht über das Depot des Kindes, als wäre es Ihr Geld. Denn das wäre steuerschädlich. Es muss gewährleistet sein, dass die Geldanlage wirklich dem Kind und nur dem Kind zugutekommt. Ein Scheindepot für die Kinder anzulegen, um Steuern zu sparen, das funktioniert nicht.

Tipp 5: Erteilen Sie Ihrer Depotbank einen Freistellungsauftrag

Auch Steuerpflichtige müssen nicht gleich jeden Gewinn versteuern, den Sie mit ihrer Geldanlage machen. Der Gesetzgeber erlaubt Kapitaleinkünfte von 801 Euro pro Person beziehungsweise 1602 Euro bei zusammen veranlagten Ehepaaren. Allerdings wird die Bank diesen sogenannten Sparerpausbetrag nicht automatisch und von selbst berücksichtigen. Vielmehr ist sie gesetzlich verpflichtet, gleich vom ersten Euro Gewinn an die sogenannte Kapitalertragssteuer ans Finanzamt abzuführen.

Kapitalertragssteuer – was ist das?

Die Kapitalertragssteuer ist eine spezielle Steuer, die auf Gewinne aus Geldanlagen anfällt. In der aktuellen Form (Stand: August 2017) nennt sich die Kapitalertragssteuer auch Abgeltungssteuer. Bei dieser bekommt der Staat pauschal 25 Prozent der erzielten Gewinne direkt von der Bank – die Steuerschuld ist damit abgegolten, daher der Name. Gewinne gelten dann als erzielt,

➤ wenn Sie Wertpapiere mit Gewinn verkauft haben (wenn also der Kaufkurs mitsamt Transaktionskosten niedriger war als der Verkaufskurs) oder

➤ wenn Sie Ausschüttungen erhalten haben (etwa Zinsen und Dividenden).

Allerdings bleibt es nicht bei besagten 25 Prozent. Hinzu kommt der Solidaritätszuschlag von 5,5 der Steuersumme. Unterm Strich gehen auf diese Weise also nochmals 1,375 Prozent an den Staat verloren. Bei Kirchenmitgliedern werden zudem noch 9 Prozent der Steuersumme an Kirchensteuer abgeführt. In Baden-Württemberg und Bayern sind es 8 Prozent, sodass die Steuerbelastung unterm Strich um zusätzliche 2 oder gar 2,25 Prozent anwächst. Das heißt: Inklusive Soli und gegebenenfalls Kirchensteuer zwackt sich der Staat zwischen 26,375 und 28,625 Prozent von Ihren Gewinnen ab. In der Diskussion ist aber derzeit eine Abschaffung der Abgeltungssteuer und eine Besteuerung von Gewinnen aus der Geldanlage mit dem persönlichen Einkommensteuersatz. Hier liegt der Steuersatz dann – je nach dem zu versteuernden Gesamteinkommen – bei 14 bis 45 Prozent.

Doch gleichgültig, welches Steuersystem herrscht – es gibt immer einen bestimmten Sockelbetrag von Kapitaleinkünften, also Gewinnen aus der Geldanlage, der steuerfrei bleibt. Dieser Sockelbetrag nennt sich Sparerfreibetrag oder – unter dem System der Abgeltungssteuer – Sparerpauschbetrag. Derzeit sind das 801 Euro (beziehungsweise 1602 Euro bei zusammen zur Steuer veranlagten Ehepaaren).

Dass Sie schon auf den Sparerfrei- beziehungsweise -pauschbetrag Steuern zahlen müssen, lässt sich verhindern: Entweder – und das ist die kompliziertere Methode – Sie reichen zur Einkommensteuererklärung jeweils die Anlage KAP ein. Darin tragen Sie ein, welche Gewinne Sie erzielt haben und wie viel Kapitalertragssteuer die Bank darauf schon abgeführt hat. Alle dazu nötigen Angaben finden Sie in der Jahressteuerbescheinigung Ihrer Depotbank.

Weitaus leichter haben Sie es allerdings mit einem Freistellungsauftrag – oder mit mehreren, falls Sie mehrere Depot- und sonstige Banken haben. Hier können Sie den Sparerpauschbetrag auf die verschiedenen Institute aufteilen. Der jeweils freigestellte Betrag wird dann von der Bank berücksichtigt: Auf Gewinne, die nicht darüber hinausgehen, wird auch keine Abgeltungssteuer abgeführt.

Das Formular für einen Freistellungsauftrag erhalten Sie bei der Depot- oder einer sonstigen Bank. Sie können ihn jederzeit widerrufen oder die jeweils freigestellten Beträge ändern, wenn Sie das möchten. Sie sollten lediglich darauf achten, dass diese in Summe den Sparer-pauschbetrag nicht überschreiten dürfen.

Tipp 6: Schichten Sie nicht andauernd um

Eine alte Börsenweisheit heißt: »Hin und her macht Taschen leer.« Das kommt nicht von ungefähr: Bei jedem Wertpapierkauf und -ver-kauf müssen Sie Transaktionsgebühren bezahlen, die teilweise die ausführende Börse erhält und teilweise die Depotbank. Deshalb soll-ten Sie sich nicht andauernd umentscheiden, in welche Wertpapiere Sie Ihr Geld investieren. Nur, wenn es wirklich gravierende Gründe gibt, sollten Sie bereits gekaufte Fonds- oder ETF-Anteile verkaufen und in einen anderen Fonds oder ETF stecken. Ansonsten verfahren Sie besser so: Ändern Sie bei Ihrem Sparplan einfach den Fonds, in den die künftigen Raten investiert werden sollen. Aber verkaufen Sie die bereits gekauften nicht, sondern lassen Sie diese unangetastet in Ihrem Depot. Auf diese Weise schmälern die Transaktionskosten Ih-ren Anlageerfolg nicht mehr, als unbedingt nötig.

Tipp 7: Investieren Sie erhaltene Ausschüttungen möglichst schnell wieder

Es gibt zweierlei Investmentfonds: Ausschüttende Fonds und ETFs kehren die erhaltenen Zinsen und Dividenden laufend an ihre An-teilseigner aus. Das heißt, diese erhalten meist jährlich, manchmal sogar viertel- oder halbjährlich, eine kleinere Gutschrift auf ihrem

Verrechnungskonto. Thesaurierende Fonds und ETFs dagegen investieren die laufend erwirtschafteten Zinsen und Dividenden sofort wieder ins Fondsvermögen, sodass sich der Wert der Fondsanteile dadurch erhöht.

Falls Sie auf ausschüttende Fonds gesetzt haben: Vergessen Sie nicht, die erhaltenen Ausschüttungen laufend neu zu investieren. Am besten überweisen Sie sich das Geld auf das Referenzkonto Ihres Fondssparplans und sorgen dafür, dass es gleich wieder investiert wird. Falls Sie noch keinen Fondssparplan haben, sondern Ihre Fondsanteile via Einmal-Investment erworben haben, sollten Sie über die Einrichtung eines Fondssparplans zumindest nachdenken. Möglich sind durchaus Sparintervalle von einem halben oder ganzen Jahr. Genug Zeit also, dass eine Sparrate von 100 Euro zusammenkommt, die Sie dann via Sparplan in Fondsanteile stecken. Auf diese Weise machen Sie sich abermals den Zinseszinseffekt zunutze – indem Sie dafür sorgen, dass die Ausschüttungen sich laufend weiterverzinsen.

Unterschätzen Sie die Dividenden nicht

Die einzelnen Dividenden mögen Ihnen wie Kleckerbeträge erscheinen. Langfristig aber, so haben zahlreiche Studien gezeigt, tragen sie zu mindestens 30 bis 40 Prozent zur Gesamtrendite bei. Gerade deshalb lohnt es sich, sie sofort wieder zu investieren.

GLOSSAR

Abgeltungssteuer: Die Abgeltungssteuer wird seit dem Jahr 2009 einheitlich auf alle Kapitalerträge erhoben. Ausgenommen sind nur Kursgewinne von Wertpapieren, die Sie 2008 oder früher gekauft haben (bei Zertifikaten gilt ein früherer Stichtag, nämlich der 14. März 2007). Wenn Sie Ihrer Bank einen → Freistellungsauftrag erteilt haben, bleibt auch der → Sparerpauschbetrag von der Abgeltungssteuer befreit. Der Steuersatz liegt bei 25 Prozent plus Solidaritätszuschlag und gegebenenfalls Kirchensteuer. Insgesamt kommen so bis zu 28,625 Prozent zusammen.

Aktie: Als Aktionär erwerben Sie einen Anteil an einem Unternehmen, der in einer Aktie verbrieft ist. Damit erhalten Sie gleichzeitig ein Stimmrecht und ein Recht auf eine Beteiligung an den Erfolgen, die das Unternehmen erwirtschaftet.

Aktienfonds: Ein Fonds, der praktisch ausschließlich in Aktien investiert.

Aktiengesellschaft: Bei einer Aktiengesellschaft (AG) ist das Grundkapital in Anteile, sogenannte → Aktien aufgeteilt, die an der Börse gehandelt werden können. Hintergrund ist die Beschaffung von Eigenkapital. Aktienkurse schwanken im Wert – je nachdem, wie gut das Unternehmen wirtschaftet oder auch wie die psychologische Gesamtlage an den Börsen ist.

Aktien-Index: Ein Aktien-Index repräsentiert eine Auswahl bestimmter Aktien, etwa aus einem bestimmten Land oder einer speziellen Branche. Dazu wird aus den Kursen dieser Aktien über verschiedene Verfahren eine Kennzahl errechnet, die die Entwicklung dieses speziellen Marktsegments widerspiegelt. Die bekanntesten Indizes sind der

DAX, der die 30 wichtigsten deutschen Aktien enthält, oder der Dow Jones für den US-amerikanischen Markt.

Anleihe: Unter einer Anleihe (engl.: Bond) versteht man ein festverzinsliches Wertpapier. Darunter fallen etwa Staatsanleihen, Unternehmensanleihen, Pfandbriefe usw. Der Emittent der Anleihe, ein Staat oder ein Unternehmen, und der Anleger vereinbaren dabei einen festen Zinssatz, zu dem Letzterer sein Geld zur Verfügung stellt. Außerdem wird eine feste Laufzeit vereinbart, für die das Kapital zur Verfügung steht. Meist erfolgt einmal im Jahr eine Zinsausschüttung. Anleihen unterliegen während der Laufzeit Kursschwankungen, die jedoch in der Regel geringer ausfallen als bei Aktien. Da Anleihen auch als Renten bezeichnet werden, nennt man Fonds, die in Anleihen investieren, auch Rentenfonds.

Arbeitnehmer-Sparzulage: Staatliche Förderung für → Vermögenswirksame Leistungen (VL). Zusätzlich zum Geld der Arbeitgeber kann ein Arbeitnehmer mit VL-Vertrag bis zu 80 Euro Förderung vom Staat bekommen. Beantragt wird die Arbeitnehmer-Sparzulage in der Einkommensteuererklärung.

Asset: Als Assets werden die Wertpapierklassen, die sich in einem Depot befinden, bezeichnet. Darunter fallen beispielsweise Aktien, Anleihen, Immobilien und Fonds.

Ausgabeaufschlag: Kaufgebühr aktiver Fonds, auch Agio genannt. Der Ausgabeaufschlag beläuft sich auf bis zu 5,5 Prozent des investierten Betrags. Er wird jedoch nur erhoben, wenn Fondsanteile direkt bei der Fondsgesellschaft erworben werden. Beim Kauf an der Börse entfällt er.

Benchmark: Vergleichsindex, mit dem sich Investmentfonds üblicherweise messen. Eine solche Benchmark sollte stets eine recht ähn-

liche Region bzw. Strategie abbilden wie der Fonds, um einen aussage-
kräftigen Vergleich zu ermöglichen.

Boom: Wenn an der Börse die Kurse extrem ansteigen, ist von einem
Boom die Rede. Allerdings folgt auf einen Boom oft der → Crash.

Börse: Die Kurse, also Preise, von Wertpapieren und Terminkontrak-
ten werden durch Angebot und Nachfrage bestimmt. Der Handelsplatz, an dem Käufer und Verkäufer aufeinandertreffen, ist die Börse.
In Deutschland gibt es mehrere Börsen, neben der vollelektronischen
Börse Xetra gehören dazu auch die Parkettbörsen Frankfurt, Stuttgart, München, Düsseldorf, Hamburg und Berlin sowie die Privatanlegerbörse Tradegate.

Briefkurs: Zu diesem Kurs können Sie ein Wertpapier (Aktie, Fonds,
ETF) an der Börse kaufen. Der Preis, zu dem Sie verkaufen können,
wird → Geldkurs genannt.

Broker: Ein Broker ist ein Börsenmakler, der die Aktien seiner Kunden kauft und verkauft. Ebenso heißen aber auch Depot-Banken, die
für ihre Kunden Wertpapiere verwalten und entsprechende Orders
ausführen, Broker. Das gilt insbesondere für die Direktbanken, die die
Aufträge ihrer Kunden per Telefon, Fax oder Internet entgegenneh-
men und abwickeln.

Buffett, Warren: US-amerikanischer Großinvestor, der mit seiner Be-
teiligungsgesellschaft Berkshire Hathaway zu einem der zehn reichs-
ten Menschen der Welt geworden ist. Anhänger der Value-Strategie.

Chart: Ein Chart zeichnet den historischen Kursverlauf eines Wertpapiers oder eines Index in einem bestimmten Zeitraum nach. Dabei
können mehrere Jahrzehnte betrachtet werden, aber auch sehr kurze
Zeitspannen, etwa ein Tag.

Cost Average Effect: → Durchschnittskosteneffekt

Crash: Der Crash ist das Gegenteil eines Booms, nämlich der radikale Absturz der Aktien nach einem Boom. Dies kann einzelne Aktien betreffen. Brechen alle oder fast alle Aktien ein, ist auch die Rede von einem Börsencrash.

DAX: DAX ist die Abkürzung von Deutscher Aktienindex. Er ist der wichtigste deutsche Börsenindex. Der DAX wurde am 1. Juli 1988 zum ersten Mal berechnet und repräsentiert die 30 wichtigsten deutschen Aktiengesellschaften. Der DAX ist ein gewichteter → Performance-Index, die Gewichtung der Mitgliedsunternehmen wird nach der → Marktkapitalisierung und dem Streubesitz vorgenommen, also der Zahl der Aktien, die nicht in fester Hand sind. Die Zusammensetzung des DAX wird regelmäßig angepasst.

Defensiver Mischfonds: → Mischfonds mit vergleichsweise geringem Aktienanteil (meist unter 30 Prozent).

Depot: Wer Wertpapiere kauft und verkauft, braucht dafür einen Ort der Verwahrung. Dies ist ein Depot, das damit zur Grundvoraussetzung für die Teilnahme am Wertpapierhandel wird. Als Anleger können Sie ein Depot bei jeder Bank eröffnen. Bei Filialbanken müssen Sie mit Depotgebühren rechnen. Viele Direkt-Broker (Internet-Depot-Banken) hingegen verzichten auf entsprechende Gebühren.

Diversifizierung: Um das Risiko eines Kapitalverlustes zu begrenzen, sollten Sie als Anleger Ihr Kapital auf verschiedene Aktien oder Anlageformen (Aktien, Anleihen, Fonds) verteilen und darauf achten, dass diese Anlageformen nicht alle gleich auf verschiedene Börsenszenarien reagieren. Dieser Vorgang nennt sich Diversifizierung.

Dividende: Die Dividende ist der Anteil am Gewinn der Aktiengesellschaft, der pro → Aktie an die Aktionäre ausgeschüttet wird.

Seit 2009 müssen Sie auf Dividenden → Abgeltungssteuer bezahlen. Haben Sie einen → Freistellungsauftrag erteilt, bleibt zumindest ein Teil steuerfrei.

Dow Jones: Der Dow Jones ist der älteste Aktienindex der Welt und auch heute noch einer der wichtigsten Indizes der Börsenwelt. Vollständig lautet sein Name Dow Jones Industrial Average. Er repräsentiert die 30 wichtigsten Aktien der USA und zeigt deren durchschnittliche Entwicklung.

Durchschnittskosteneffekt (Cost Average Effect): Effekt, der sich bei Fondssparplänen bemerkbar macht. Durch die Sparraten in immer gleicher Höhe werden viele Fondsanteile gekauft, wenn diese gerade günstig sind, und wenige, wenn diese gerade teuer sind. Dadurch wird im Durchschnitt ein günstiger Einstiegskurs erzielt und das Timing-Problem umgangen.

Einlagensicherung: Gesetzlich vorgeschriebener Insolvenzschutz für die Konten von Bankkunden. Geht eine Bank pleite, ist bei Banken in EU-Ländern eine Entschädigung bis zu 100 000 Euro vorgeschrieben. Manche Banken gehen darüber hinaus und bieten eine Einlagensicherung in noch viel größerer Höhe an.

EuroStoxx 50: Der EuroStoxx 50 ist ein Aktienindex, der die 50 größten Aktienwerte aus den Euro-Ländern versammelt. Achtung: Gemeint ist dabei die Währungsunion. Europäische Länder, die den Euro nicht eingeführt haben, wie etwa Großbritannien, die Schweiz oder Norwegen, sind in diesem Index nicht vertreten.

ETF: Die Abkürzung steht für »Exchange Traded Funds«, also börsengehandelte Indexfonds. ETFs sind die gängigste Form von Passivfonds. Hier wählt kein Fondsmanager einzelne Aktien aus, sondern der Fonds ist eine originalgetreue Nachbildung eines bestimmten Index, wie beispielsweise des → DAX oder → Dow Jones.

Festgeldkonto: Bankkonto, das Guthabenzinsen abwirft und bei dem die Einlagen erst am Ende einer bestimmten Laufzeit wieder verfügbar sind. In der Regel liegt die Laufzeit bei sechs bis 48 Monaten. Vereinzelt gibt es aber auch Festgeld-Angebote mit einer Laufzeit von bis zu zehn Jahren.

Fonds: Bei einem Fonds (genauer gesagt, einem offenen Investmentfonds) zahlen viele Anleger in einen gemeinsamen Topf einer Fondsgesellschaft ein, aus dem dann verschiedene → Wertpapiere gekauft werden. Durch die Streuung verringert sich das Risiko eines Kapitalverlustes. Die Papiere, die das Fondsvermögen bilden, bestimmen gemeinsam, ob der Fonds Gewinne oder Verluste zu verzeichnen hat, ob die Fondsanteile im Wert steigen oder fallen. Zinsen oder Dividenden, die der Fonds laufend erwirtschaftet, werden entweder ausgeschüttet (»ausschüttende Fonds«) oder sie fließen dem Fondsvermögen zu und erhöhen den Wert der einzelnen Anteile (»thesaurierende Fonds«).

Fondsmanager: Der Fondsmanager ist als Mitarbeiter einer Fondsgesellschaft für die Auswahl der Wertpapiere in einem oder in mehreren Fonds verantwortlich. Betreut er einen aktiv gemanagten Fonds, wählt er im Rahmen des gegebenen Fondsthemas die Wertpapiere aus. Bei einem Pharma-Fonds sucht er also nach vielversprechenden Pharmawerten, bei einem Japan-Fonds nach entsprechenden Aktien japanischer Unternehmen usw. Bei einem passiv gemanagten Fonds hingegen wird ein Index nachgebildet (→ Indexfonds). Ein Fondsmanager ist hier entbehrlich.

Fondssparplan: Kauf von Fondsanteilen für regelmäßige Raten in immer gleicher Höhe. Möglich ist ein monatlicher, vierteljährlicher oder jährlicher Kauf mit Raten ab 25 Euro. Meist empfiehlt sich aus Kostengründen aber eine Mindestrate von 100 Euro.

Freistellungsauftrag: Mit einem Freistellungsauftrag bei Ihrer Bank oder Sparkasse stellen Sie sicher, dass Sie bis zu einem Betrag von 801 Euro für Ledige und 1602 Euro für Verheiratete keine Kapitalertrags- bzw. Abgeltungssteuer auf die Zinsen, Dividenden und Kursgewinne, die Sie kassieren, zahlen. Sie müssen erst auf Erträge Steuern zahlen, die diesen sogenannten → Sparerpauschbetrag übersteigen.

Geldkurs: Zu diesem Kurs können Sie ein Wertpapier (Aktie, Zertifikat) an der Börse verkaufen. Der Preis, zu dem Sie kaufen können, wird → Briefkurs genannt.

Gesamtkostenquote: Prozentsatz, der angibt, was die laufende Verwaltung eines Fonds insgesamt pro Jahr kostet. Bei passiv gemanagten ETFs liegt die Gesamtkostenquote meist bei 0,08 bis 1 Prozent, bei aktiv gemanagten Fonds bei 1,5 bis 3 Prozent. Die international gebräuchliche Bezeichnung für Gesamtkostenquote lautet Total Expense Ratio (TER).

Geschlossene Fonds: Unter geschlossenen Fonds werden Fonds verstanden, deren Anteilseigner zu Mitunternehmern werden. Entsprechende Anteile können nur während einer bestimmten Zeichnungsfrist erworben werden. Wenn genügend Kapital eingesammelt wurde, wird die Zeichnungsfrist beendet und die beabsichtigte Investition vorgenommen. Wer Anteile an einem geschlossenen Fonds erwirbt, muss diese in der Regel bis zum Ende der Laufzeit halten. Ein Verkauf an der Börse ist nicht vorgesehen. Als Privatanleger sollten Sie um geschlossene Fonds daher einen Bogen machen.

Index: → Aktien-Index

Indexstand: Ein Indexstand ist eine Kennzahl, die die Wertentwicklung in einem bestimmten Marktsegment wiedergibt. Dabei werden die Börsenkurse einer repräsentativen Mischung von Aktien oder Rentenpapieren aus diesem Segment zugrunde gelegt.

Indexfonds: In einem Indexfonds sind in Zusammensetzung und Gewichtung exakt die Aktien enthalten, die im abgebildeten Index (zum Beispiel DAX, EuroStoxx 50 oder Dow Jones) vertreten sind. Die Entwicklung dieser Fonds verläuft daher parallel zum Index (nur die Verwaltungskosten werden abgezogen). Interessant für Sie als Anleger ist auch, dass Indexfonds sehr günstig sind. Die wichtigsten Indexfonds sind die sogenannten → ETFs.

Inflation: schleichender Kaufkraftverlust einer Währung.

ISIN: Die ISIN (International Security Identification Number) ist die internationale Form der → Wertpapierkennnummer (WKN). Anhand einer festen Folge von Buchstaben und Ziffern lässt sich ein Wertpapier eindeutig bestimmen. Wenn Sie eine Order aufgeben wollen, müssen Sie als erstes die ISIN oder die WKN eingeben.

Klarman, Seth: US-amerikanischer Hedgefonds-Manager und Milliardär. Anhänger der Value-Strategie.

Kurs-Index: Ein Kurs-Index ist ein Aktienindex, in dessen Verlauf nur die Kursgewinne, nicht aber die Dividenden eingerechnet werden. Das Gegenteil von einem Kurs-Index ist ein → Performance-Index.

Kurswert: Der Kurswert ist der Preis (z. B. in Euro), den Anleger aktuell für eine Aktie oder einen Fonds bezahlen müssen. Der Kurswert ergibt sich bei Aktien durch Angebot und Nachfrage und wird an der → Börse ermittelt. Bei Fonds ergibt sich der Kurswert aus dem Kurswert der enthaltenen Aktien, Anleihen und sonstigen Vermögenswerte.

Marktkapitalisierung: Mit der Marktkapitalisierung ist der Wert eines Unternehmens an der Börse gemeint. Dafür wird einfach die Anzahl der Unternehmensaktien mit dem aktuellen Börsenkurs multipliziert.

MDAX: Der MDAX ist der Deutsche Aktienindex, der die Entwicklung von mittelgroßen deutschen Unternehmen widerspiegelt. Das M steht für Midcap, also »middle capitalization«, übersetzt heißt das etwa mittelgroße Marktkapitalisierung oder mittelgroßer Börsenwert.

Mid Caps: Bezeichnung für Aktien mit einer mittelgroßen Marktkapitalisierung. Der passende Index in Deutschland ist der → MDAX.

Mischfonds: → Fonds, der in verschiedene Vermögensklassen investiert, vor allem in Aktien und Anleihen.

Munger, Charles: Kongenialer Partner von Warren Buffett bei Berkshire Hathaway. Ebenfalls Anhänger der Value-Strategie.

Offensiver Mischfonds: → Mischfonds mit vergleichsweise hohem Aktienanteil (meist über 70 Prozent).

Outperformance: Mehrertrag, den ein Fonds im Vergleich zu seiner → Benchmark erwirtschaftet hat.

Parkettbörse: Im Gegensatz zu vollelektronischen Börsen, wie etwa → Xetra, werden an Parkettbörsen Kauf- und Verkaufsorder noch mit menschlicher Hilfe abgewickelt. Diese Aufgabe übernimmt ein Börsenhändler (= Makler). Er gleicht die verschiedenen Orders miteinander ab und legt daraufhin den Preis fest. In Deutschland sind z. B. noch die Frankfurter Wertpapierbörse und die Börsen in Stuttgart, München, Hamburg, Düsseldorf und Berlin Parkettbörsen.

Performance: Welche Gewinne und Verluste hat ein einzelner Anleger oder ein Fonds unter Berücksichtigung des eingegangenen Risikos gemacht? Darüber gibt die Performance Auskunft. Letztlich sollte diese immer positiv für das → Portfolio ausfallen, auch wenn einige Aktien möglicherweise in der Verlustzone sind.

Performance-Index: Ein Performance-Index ist ein Aktienindex, bei dessen Verlauf sowohl der Kurs als auch die gezahlten Dividenden der einzelnen Mitglieder eingerechnet werden. Ein Performance-Index schneidet daher stets besser ab als ein → Kurs-Index.

Physische Replikation: Der ETF investiert direkt in die entsprechenden Index-Werte (zum Beispiel Aktien). Anders funktioniert ein ETF mit synthetischer Replikation.

Portfolio: Ein Portfolio, auch Portefeuille genannt, ist die Gesamtheit aller Papiere im Depot eines einzelnen Anlegers oder im Vermögen eines offenen Investmentfonds. Dazu zählen alle Aktien, Anleihen etc.

Präsenzbörse: → Siehe Parkettbörse

Rendite: Mit der Rendite wird der prozentuale Gewinn pro Jahr ausgedrückt. So gibt die Kapitalrendite an, wie hoch der Jahresgewinn eines Investors ist, ausgedrückt in Prozent des eingesetzten Kapitals. Analog dazu gibt die Umsatzrendite an, welchen Gewinn das Unternehmen gemacht hat, ausgedrückt in Prozent des Umsatzes.

Rentenfonds: Ein Rentenfonds ist ein gemanagter Fonds, dessen Fondsvermögen überwiegend in festverzinslichen Anleihen, in der Regel Staatsanleihen, investiert ist.

Renten: Anderer Begriff für festverzinsliche Wertpapiere, also beispielsweise → Anleihen.

SDAX: Der SDAX ist der deutsche Aktienindex, der die Entwicklung von deutschen Unternehmen mit einer geringen Marktkapitalisierung widerspiegelt. Das S steht für Small, also klein, übersetzt heißt das geringe Marktkapitalisierung oder geringer Börsenwert.

Small Caps: Bezeichnung für Aktien mit einer geringen Marktkapitalisierung (auch Nebenwerte genannt). Der passende Index in Deutschland ist der → SDAX.

Sondervermögen: Aktiv geführte Fonds und auch Indexfonds bilden rechtlich betrachtet ein Sondervermögen und werden von der Fondsgesellschaft nur verwaltet. Bei einer Pleite der Fondsgesellschaft ist das Vermögen der Anleger so geschützt vor dem Zugriff der Gläubiger.

Sparerpauschbetrag: Nach geltendem Steuerrecht bleiben Kapitalerträge bis zu 801 Euro bei Ledigen und 1602 Euro bei zusammen veranlagten Verheirateten von der Kapitalertragssteuer (= Abgeltungssteuer) befreit. Dieser Teil der Kapitalerträge heißt Sparerpauschbetrag. Vom Sparerpauschbetrag profitieren Sie auf jeden Fall. Am einfachsten geht das, indem Sie einen → Freistellungsauftrag bei Ihrer Depot-Bank stellen. Dann werden bei Kapitalerträgen bis zu diesem Betrag keine Steuern an den Fiskus abgeführt.

Sparkonto: Bankkonto, das Guthabenzinsen abwirft und bei dem die Einlagen mit einer Kündigungsfrist von meist drei Monaten verfügbar sind.

Sparplan: → Fondssparplan

Spread: Die Differenz zwischen Kauf- und Verkaufskurs (→ Brief- und Geldkurs) an der Börse.

Standard & Poor's 500: Der Standard & Poor's 500 (S & P 500) ist ein Index, der den US-amerikanischen Markt widerspiegelt. Zu seiner Berechnung werden die Kurse der 500 größten Aktiengesellschaften der USA herangezogen. Er zeigt damit ein genaueres Bild der US-Wirtschaft als der Dow Jones.

Standardwerte: Als Standardwerte werden an der Börse jene Aktien bezeichnet, die als besonders solide und werthaltig gelten (qualitative Einordnung), oder besonders große Unternehmen mit einer hohen Marktkapitalisierung (quantitative Einordnung). In der Regel sind es die Aktien der größten Unternehmen eines Landes, die sich dann auch im jeweiligen Leitindex des Landes wiederfinden.

Streubesitz: Zum Streubesitz gehören alle Aktien eines Unternehmens, die an der Börse frei handelbar sind. Im Gegensatz dazu gibt es auch Aktien, die sich fest in den Händen etwa der Familie der Mehrheitseigner, des Bundes oder des Managements des Unternehmens befinden.

Synthetische Replikation: Der ETF investiert nicht direkt in die Index-Werte, sondern bildet den Index »künstlich«, über sogenannte Swaps, nach. Das kann in einigen Fällen günstiger sein, ist aber nicht unumstritten. Der Swap darf aber nach europäischen Zulassungsrichtlinien maximal 10 Prozent des Fondsvermögens ausmachen.

Tagesgeldkonto: Bankkonto, das Guthabenzinsen abwirft und bei dem die Einlagen an jedem Bankenöffnungstag verfügbar sind.

Technische Analyse: Bei der technischen Analyse wird versucht, ausschließlich mithilfe bestimmter Indikatoren am Markt die Entwicklung einzelner Aktien vorherzusagen. Dazu gehören etwa die Beobachtung des Börsenkurses in Form von Chartanalysen oder der Höhe der Umsätze einzelner Aktien.

TER: Total Expense Ratio → Gesamtkostenquote.

Value-Aktie: Eine substanzstarke Qualitätsaktie.

Value-Analyse: Bei der Value-Analyse, auch Fundamentalanalyse genannt, wird versucht, mithilfe von Unternehmensdaten wie Bilanz,
Gewinn- und Verlustrechnung, Kurs-Gewinn-Verhältnis und Dividendenrendite sowie mithilfe von branchenbezogenen und gesamt-
wirtschaftlichen Daten eine Prognose zu stellen, wie sich der Kurs einer Aktie entwickeln wird.

Verbraucherpreisindex: Offizielle Inflationsrate in Deutschland, errechnet durch das Statistische Bundesamt → Inflation.

Vermögenswirksame Leistungen: Geldgeschenk vom Arbeitgeber
in Höhe von 14 bis 40 Euro pro Monat, das angelegt werden muss.
Ob ein Anspruch auf Vermögenswirksame Leistungen (abgekürzt
VL) besteht, ergibt sich aus dem individuellen Arbeitsvertrag, aus einer Betriebsvereinbarung oder aus dem in der jeweiligen Branche
gültigen Tarifvertrag. Die vorgeschriebene Mindest-Anlagedauer beläuft sich auf sieben Jahre (sechs Jahre Einzahlung und ein siebtes
Jahr Wartezeit). Erst danach kann der Arbeitnehmer über dieses Geld
verfügen.

Verrechnungskonto: Wer ein Wertpapierdepot hat, hat auch ein Verrechnungskonto. Das Guthaben auf diesem Konto wird genutzt, um
Wertpapiere zu kaufen, Verkaufserlöse werden darauf gutgeschrieben. Ebenso dient das Verrechnungskonto dazu, Dividenden und
Zinsen an den Investor auszuzahlen.

WKN: Die WKN (Wertpapierkennnummer) dient der eindeutigen
Identifizierung eines jeden Wertpapiers, um Missverständnisse aus-
zuschließen. Dazu dient eine feste Folge von Ziffern und Buchstaben,
die Wertpapierkennnummer (WKN). Diese brauchen Sie bei jeder
Orderaufgabe. Die WKN ist das in Deutschland gebräuchliche Pendant zur internationalen → ISIN.

Xetra: Xetra heißt das vollelektronische Handelssystem der Deutschen Börse AG. Ohne dass ein Makler eingreift, gleicht ein Computer alle vorliegenden Kauf- und Verkaufsorders miteinander ab und führt die Transaktion automatisch durch.

Über die Autoren

Rolf Morrien, Jahrgang 1972, studierte in Münster und Wien Geschichte, Wirtschaft und Politik und absolvierte anschließend in Bonn eine Ausbildung zum Wirtschaftsjournalisten. Danach war er Analyst und Redakteur des Dienstes »Aktien-Analyse«. Seit 2002 leitet er als Chefredakteur den Börsendienst »Der Depot-Optimierer«. Im FinanzBuch Verlag sind von ihm die Börsen-Bestseller *Börse leicht verständlich*, *Börse ganz praktisch* und *Verschenken Sie kein Geld!* erschienen.

Judith Engst, Jahrgang 1970, hat nach dem Studium der Forstwissenschaft noch den MBA (Master of Business Administration) absolviert. Als Wirtschafts- und Finanzjournalistin schreibt sie vorwiegend Ratgebertexte. Sie hat mehrere Bücher zu den Themen Börse, Geldanlage, Recht & Steuern sowie Kommunikation verfasst. Daneben arbeitet sie als Dozentin an der Business School Alb-Schwarzwald, die zur Steinbeis Hochschule Berlin gehört. Ihr Ziel: Schwer Verständliches so einfach darzustellen, dass jeder es versteht – und idealerweise auch gleich weiß, was zu tun ist.

Wie lege ich 10 000 Euro optimal an?

Judith Engst | Rolf Morrien

»Geld vermehren, das ist gar nicht so einfach in der heutigen Zeit!« Sie haben die erkleckliche Summe von 10000 Euro angespart und wollen das Geld planvoll anlegen? Dann nutzen Sie Ihr Startkapital für den Einstieg in den systematischen Vermögensaufbau. Auch wenn das Thema Geldanlage für Sie noch mit vielen Fragen verknüpft sein mag – für jede dieser Fragen gibt es eine praktikable Antwort:

- Welche Anlageklassen sollte ich wählen?
- Wie sollte ich meine 10000 Euro vernünftig aufteilen?
- Wie kann ich die Chancen des Aktienmarktes nutzen und die Risiken minimieren?
- Welche Fehler gilt es zu vermeiden?
- Wie lässt sich das Ganze mit wenig Aufwand umsetzen?

In diesem Buch erhalten Sie konkrete Informationen und nützliche Tipps. Auf gerade einmal 140 Seiten erfahren Sie alles, was Sie wissen müssen: kurz, kompakt, sorgfältig recherchiert und anschaulich aufbereitet. Von den *Manager Magazin*-Bestsellerautoren Judith Engst und Rolf Morrien.

144 Seiten | Softcover | 8,99 € (D) | ISBN 978-3-95972-041-0

Verschenken Sie kein Geld!

Rolf Morrien | Lars Günther

Die Deutsche Skatbank hat 2014 Geschichte geschrieben: Als erste deutsche Bank verlangt sie von ihren Kunden einen Strafzins. Die elementare Regel unseres Wirtschaftssystems, dass man für gespartes Geld Zinsen erhält, gilt nicht mehr. Für Sie als Sparer hat das dramatische Folgen. Nach Inflation, Steuern und Bankgebühren sinkt Jahr für Jahr die Kaufkraft Ihrer Ersparnisse. Doch es gibt Auswege. Solide Geldanlagen, die auch heute noch Renditen oberhalb der Inflationsrate abwerfen. Rolf Morrien und Lars Günther stellen kurz und knapp die Chancen und Risiken der wichtigsten Anlageklassen vor, darunter Unternehmensanleihen, Genussscheine, Wandelanleihen, Aktienanleihen, dividendenstarke Aktien, Pfandbriefe und Lebensversicherungen.
Mit dem richtigen Anlagemix entkommen Sie der Zinsfalle.

144 Seiten | Softcover | 6,99 € (D) | ISBN 978-3-89879-908-9

Börse leicht verständlich

Judith Engst | Rolf Morrien

Vermögensaufbau - selbst gemacht! Die Finanzkrise hat dramatische Auswirkungen auf Privatvermögen und Altersvorsorge. Rentenansprüche werden gekürzt. Lebensversicherungen stecken in der Krise. Auch auf den Staat ist schon lange kein Verlass mehr. Daher muss jeder Anleger das Heft selbst in die Hand nehmen und handeln. Aber wie baut man ein Vermögen auf oder erzielt ein dauerhaftes Einkommen aus Zinserträgen? Aktien, Fonds, Anleihen, Zertifikate – es gibt Millionen Wertpapiere und Anlagemöglichkeiten.

Die meisten Bücher für Einsteiger erklären aber nur, wie einzelne Wertpapiere funktionieren, oder beschreiben, welche Strategien in der Vergangenheit wirksam waren. Dieses Buch schließt die Lücke. Es beschreibt, wie man ein Depot eröffnet, wie man geeignete Wertpapiere findet, welche Risiken es gibt und was man beim Kauf beachten sollte.

224 Seiten | Hardcover | 19,99 € (D) | ISBN 978-3-89879-630-9

Börse ganz praktisch

Judith Engst | Rolf Morrien

Wie eröffne ich ein Depot-Konto? Welcher Broker passt zu mir? Wie wähle ich Aktien richtig aus? Warum notieren die Schweizer Aktien in meinem Depot in Euro und was passiert damit im Falle eines Euro-Crashs? Wie vermeide ich unnötige Fondsgebühren? Wie berechne ich die Rendite einer Anleihe? Welche Tricks gibt es, um Steuern zu sparen? In den vergangenen 13 Jahren haben die beiden Finanzjournalisten Judith Engst und Rolf Morrien über 10 000 Leserfragen ausgewertet. Viele davon sind für alle interessant, die sich mit Wertpapieren und Geldanlage befassen oder zukünftig neu befassen wollen. Wer dieses Buch kauft, findet in leicht verständlicher, gut umgesetzter Form wichtige Informationen, die nicht nur den Wissensdurst stillen, sondern vor allem bares Geld wert sind! Die ideale Lektüre für Anleger, die mit Sachverstand investieren wollen.

208 Seiten | Hardcover | 19,99 € (D) | ISBN 978-3-89879-832-7

HILFE! Ich kaufe Gold

Horst Biallo

Wer Gold (ver)kauft, kann doch eigentlich nichts falsch machen. Oder? Und ob! Nicht nur sollten Sie wissen, wie Sie mit Goldmünzen und Goldbarren am besten in physisches Gold investieren und wo Sie Ihr Gold am besten aufbewahren. Ebenso wichtig ist Gold als sicherer Baustein für die private Altersvorsorge. Deshalb finden Sie in »HILFE! Ich kaufe Gold« kompakt alles Wissenswerte über Münzen, Barren, den (Ver)Kauf im Internet und beim zertifizierten Händler.

Ein kurzer Exkurs ins Reich der »weißen Edelmetalle« Silber, Platin und Palladium sowie ein Minilexikon zum Thema Edelmetalle runden das Büchlein ab.

112 Seiten | Softcover | 8,99 € (D) | ISBN 978-3-89879-904-1

HILFE! Ich erbe

Horst Biallo

Wer kann schon in Ruhe nachdenken, wenn es weh tut? Viele
Menschen sind aber genau in dieser Situation, wenn es um
eine der wichtigsten Entscheidungen im Leben geht: Wie gehe
ich mit dem Erbe eines geliebten Menschen um – oder wem
vererbe ich mein eigenes, hart erarbeitetes Gut? Und wie viel
bekommt der Staat davon?

Für langwierige und komplizierte Erläuterungen zu Erben, Ver-
erben, Steuern und Stiftungen fehlen oft Zeit und Nerven. Doch
das kann sich bitter rächen. Wie findet der Betroffene aus dem
Wust an Informationen rund ums Erbe das heraus, was wirklich
wichtig ist?

»HILFE! Ich erbe« bietet die wichtigsten Fragen und Antworten
– und nur die. Mit den Fakten, die wirklich entscheidend sind.

112 Seiten | Softcover | 8,99 € (D) | ISBN 978-3-89879-905-8

HILFE! Ich kaufe eine Immobilie

Horst Biallo

Experten oder Ahnungslose: Das sind die beiden Arten von
Ratgebern, mit denen es Hilfesuchende bei der Baufinanzierung
meist zu tun bekommen. Die einen überschütten den Ratsu-
chenden mit ellenlangen und komplizierten Ausführungen zu
Forward-Darlehen, Tilgungssätzen und Grunderwerbsteuersät-
zen, die anderen erklären nur viel Halbrichtiges.
Dabei hat der Bau- oder Kaufwillige gerade alle Hände mit seinem neuen Heim zu tun. Wie kann er sich aus dem Wust an
Informationen das heraussuchen, was wirklich wichtig ist?
»HILFE! Ich erbe« bietet die wichtigsten Fragen und Antworten
– und nur die. Mit den Fakten, die wirklich entscheidend sind.

112 Seiten | Softcover | 8,99 € (D) | ISBN 978-3-89879-907-2